CONTENIDO

A Marshal y Emma, dos de las más hermosas sonrisas en el rostro de mi mundo. Gracias, Sarena y Jacob.

Agradecimiento especial a:
Mi agente, David Robie, cuyo profesionalismo, conocimiento y amistad aprecio grandemente.

La excepcional gente de *Zondervan*, entre ellos Tim, Bob, Jack, Jaime y muchos más que personifican lo que hace grande a una editorial.

Jim McClellan, cuyo apoyo y ayuda han contribuido significativamente a mi éxito como escritor, y cuya amistad permanece como un tesoro (a pesar de que él es fan de Buckeye).

Don Kevin Shirk, uno de los pensadores y consejeros más grandes del mundo, quien probablemente ha olvidado que me animó a completar este libro.

Randy y Karla Giminez, dos personas notables que no solamente han sido grandes amigos, sino como sabios y sinceros consejeros con mis mejores (y peores) ideas.

Mi madre, Pat, que sigue cocinando la mejor ensalada de papas y manzanas.

Y como siempre, a mi esposa y mayor fan, Cathy, quien, midiéndolo como se quiera, es la mejor parte de mí. Siempre que sonrío, o estoy pensando en mi próximo chiste, o en ti.

INTRODUCCIÓN

Hola, bienvenido a *Mi libro de ejercicios de conocimiento Bíblico*, donde trabajarás tu «masa cerebral» y tonificarás tus músculos Matusalénicos. (Son los músculos más antiguos de tu cuerpo.)

Aquí tu conocimiento de las personas, lugares y cosas del Antiguo y Nuevo Testamento tomará forma mientras ríes, piensas y disfrutas. Como tu entrenador personal, te pondré en forma a través de actividades como:

Unir: Esposos y esposas, personas y ciudades, y más.
Verdadero/Falso: Nada como la posibilidad 50-50
Arreglar/Corregir la historia: ¡Tú serás el héroe!
Llenar espacios: Desafiante, pero te tengo fe.
Partes de historias: ¿No es sorprendente lo que podemos olvidar?

Y por supuesto, mi personalizada «adivinanza múltiple». (Quiero decir, elección múltiple), además de listas humorísticas, chistes, historietas y todo lo que esperarías de un desafío de ejercicios de conocimientos Bíblicos con la firma de *Zondervan*. Ah, también debo mencionar que pueden aparecer algunas sorpresas.

Todas las referencias de las Escrituras se encuentran en la Nueva Versión Internacional. Es una traducción notable, y si no la utilizas... eres parte de una minoría. Así que consigue una, me lo vas a agradecer.

El entrenamiento nos espera... gracias por venir. Toma tu bolsa y vamos al gimnasio.

PONIÉNDONOS LA SUDADERA

PAREJAS PIADOSAS

Parejas preparadas en el cielo (o posiblemente en Israel)

Une a cada persona con su esposo/a:

___ 1. Abraham

___ 2. Pablo

___ 3. Ruth

___ 4. José

___ 5. Moisés

___ 6. Lamec (nieto de Caín)

___ 7. Safira

___ 8. Noé

___ 9. Jacob

___ 10. Herodías

___ 11. Priscila

___ 12. Cuza

___ 13. Gómer

___ 14. Pedro

A. Ananías

B. Juana

C. Lea

D. No se menciona esposa

E. Vilma

F. Oseas

G. Séfora

H. María

I. Booz

J. Ada

K. Nombre desconocido

L. Saray

M. Aquila

N. Herodes Tetrarca

(Para obtener puntos extras nombra por lo menos a cincuenta de las mujeres o concubinas de Salomón)

Ahora ve a la página 36 y comprueba tus respuestas.

SOLO LOS HECHOS

¿Cuáles de estos hechos están nombrados en el relato de Mateo acerca del nacimiento de Jesús y su infancia?
(S= sí N=no; me gusta mantener las cosas sencillas)

____ 1. Magos de oriente siguen una estrella.

____ 2. Un ángel del Señor aparece a María en sueños.

____ 3. Un decreto de Poncio Pilato.

____ 4. Un viaje a Egipto.

____ 5. Una visita de Juan el Bautista.

____ 6. El plan de José para divorciarse de María.

____ 7. El ángel Gabriel visita a María.

____ 8. Un pesebre en Belén, los pastores que lo buscan.

____ 9. La circuncisión del niño Jesús.

____ 10. La abstinencia de José de relaciones sexuales hasta después del nacimiento del niño Jesús.

____ 11. El interés de Herodes acerca de Jesús.

____ 12. La matanza de los niños menores de dos años en Belén.

____ 13. Un edicto de César Augusto ordenando un censo.

____ 14. La bendición al Mesías niño por Simeón en el templo.

____ 15. Un problema con el servicio médico de Belén que reclamaba beneficios de maternidad «estables».

Aquí tienes un hecho que no necesita tanto pensamiento: Las respuestas están en la página 36.

UNE EL MILAGRO

¿Listo? Comencemos con algunos milagros bíblicos. Une el milagro con las personas.

___ 1. Mordido por una serpiente venenosa sin efectos en su cuerpo.

___ 2. Guió al pueblo a través del Río Jordán.

___ 3. Produjo agua de la roca.

___ 4. Hizo flotar la cabeza de un hacha en el Río Jordán.

___ 5. Convirtió agua en vino.

___ 6. Su burra le reprendió.

___ 7. Murió luego de mentir acerca de una venta.

___ 8. Fue alimentado por cuervos.

___ 9. Fue rescatado de la prisión por un ángel.

___ 10. Este ídolo no pudo sobrevivir cuando fue puesto al lado del Arca del Pacto.

___ 11. Jesús lo resucitó de entre los muertos.

___ 12. ¡Mató un león!

___ 13. En su vara crecieron almendras.

___ 14. Convirtió un programa de computación en un imperio de millones de dólares.

A.	Elías	H.	Jesús
B.	Lázaro	I.	Pablo
C.	Bill Gates	J.	Sansón
D.	Moisés	K.	Dagón
E.	Pedro	L.	Ananías
F.	Aarón	M.	Josué
G.	Balaam	N.	Eliseo

Un pequeño milagro: Las respuestas aparecen en la página 37.

MEMORIA EXCELENTE

Haz tu mayor, mayor esfuerzo para completar los espacios con la respuesta correcta. Intentaremos recordar un hecho interesante de cada libro de la Biblia en orden. ¡Éxitos!

1. El arca de Noé se detuvo en las montañas de _____.

2. Cuando los israelitas se cansaron de esperar que Moisés bajara del Monte Sinaí, se hicieron un ídolo en forma de _____.

3. Los hijos de Aarón, Nadab y Abiú, fueron destruidos por elevar una ofrenda inadecuada de _____.

4. Cuando los israelitas se quejaron acerca de la falta de carne, Dios les envió _____ (junto con una gran plaga).

5. Dios mando a Moisés que destruyera todas las _____ _____ en la tierra prometida.

6. Cuando Josué envío los espías a Jericó ellos fueron ayudados por una ramera de nombre _____.

7. _____ fue una profetisa que juzgó a Israel. Ella instó a Barac a luchar contra los cananeos, y lo acompañó.

8. Rut le dijo a Noemí: «... iré adonde tú vayas...». Noemí era su _____.

9. Dios le dijo a Samuel que le pesaba haber puesto a _____ como rey de Israel.

10. Luego de los pecados de adulterio y asesinato de David, el profeta _____ acudió a hablarle acerca del pronto juicio de Dios.

11. Cuando el rey David estaba por morir le dijo a Salomón: «...no lo dejes llegar a viejo y morir en paz». Él se refería a _____. (¡Si la sabes, me impresionarás!)

12. El profeta Isaías le dijo al rey _____ que los babilonios finalmente se llevarían toda la riqueza que sus padres habían obtenido.

13. La muerte de Saúl fue causada por _____.

14. «¡Todo lo que escuché en mi país acerca de tus triunfos y de tu sabiduría es cierto! No podía creer nada de eso hasta que vine y lo vi con mis propios ojos.» Esto se lo dijo _____ a Salomón.

15. Mientras los israelitas estaban en la cautividad, _____ emitió un decreto por el cual el templo de Jerusalén debía ser reconstruido.

16. Cuando Nehemías estaba reconstruyendo el muro de Jerusalén, uno de sus detractores dijo que el muro iba a desmoronarse si una _____ corría sobre él.

17. Por la justicia y la valentía de Ester y Mardoqueo, los judíos sobrevivieron al complot de Amán para destruirlos. La celebración que conmemora esta victoria es conocida como la fiesta de _____.

18. Los tres amigos de Job fueron a visitarlo, pero al ver su gran dolor, ninguno de ellos habló por _____ días.

19. Los salmos son una colección de _____ (¿Cuántos?) himnos.

20. Proverbios dice que es mejor tener _____ que muchas riquezas.

21. El predicador de Eclesiastés dice que «todo es _____».

22. La mujer del Cantar de los Cantares es llamada _____.

23. En los capítulos 46 y 47 Isaías predice la destrucción de este imperio y sus ídolos. Se trata de _____.

24. Dios le ordenó a Jeremías no _____.

25. Dios mandó a Ezequiel que no haga luto por _____.

26. Por interpretar los sueños del rey _____, Daniel obtuvo un alto rango y poder en Babilonia.

27. Oseas se casó con Gómer, quien era _____, porque Dios se lo pidió.

28. Cuando Joel preguntó a los ancianos: «¿Alguna vez sucedió cosa semejante en sus tiempos...?», se refería a la _____.

29. Según el libro de Amós, sus profecías tuvieron lugar dos años después de un importante _____.

30. Abdías, el libro más corto del Antiguo Testamento, es un juicio contra la tierra de _____.

31. Los marineros del barco en el que iba Jonás decidieron mediante _____ que él era la causa de la tempestad.

32. El único elemento que podía matar a Superman era _____.

33. Miqueas dice que _____ sería convertida en campo arado para viñedos.

34. Nahum predijo la caída de _____, la capital de Asiria, donde Jonás había predicado más de un siglo atrás.

35. Habacuc estaba preocupado porque aunque Judá era culpable de pecado, no creía justo que fuesen conquistados por los _____, quienes eran más crueles.

36. Sofonías se refirió a las autoridades de Jerusalén como leones rugientes, y a sus gobernantes como _____ nocturnos.

37. Hageo cuestionó que el pueblo vivía en casas techadas mientras _____ estaba en ruinas.

38. La tercera visión de Zacarías incluía a un hombre con un cordel de medir, quien dijo a Zacarías que iba a medir a _____.

39. A través de Malaquías, Dios dijo que el pueblo había corrompido su pacto con _____.

40. _____ preguntaron a Jesús: «¿Eres tú el que ha de venir, o debemos esperar a otro?»

41. Luego de que Jesús caminara sobre el agua y entrara a la barca con sus discípulos, cruzaron el lago y arribaron a _____.

42. La frase favorita de Buzz Lightyear es «Al infinito y _____».

43. En la parábola del hijo perdido, luego de gastar todo su dinero, el joven va hacia los campos para _____.

44. Cuando Jesús fue a Jerusalén para la fiesta de la _____, echó a los vendedores y cambistas del templo.

45. Cuando Esteban estaba siendo apedreado por predicar de Cristo, los testigos pusieron sus ropas a los pies de un joven llamado _____.

46. Pablo les dice a los romanos que cada uno debe someterse a las _____.

47. Pablo les dijo a los creyentes de corintios: «Yo sembré, _____ regó, pero Dios ha dado el crecimiento».

48. Pablo les dice a los corintios que no deben inirse en yugo desigual con _____.

49. Los gálatas no debían cansarse de _____.

50. El último elemento de la armadura de Dios es «la _____ del Espíritu, que es la palabra de Dios».

51. Pablo le decía a los filipenses que para él el vivir era Cristo y el morir era _____.

52. Pablo advierte a los colosenses contra la falacia de adorar a los _____.

53. Aunque Pablo quería retornar con sus amigos a Tesalónica, _____ se lo impidió.

54. La segunda carta a los tesalonicenses amonesta a que si un hombre no trabaja, que tampoco _____.

55. El oso Yogi vive en _____.

56. Para que una viuda pueda ser sostenida por la iglesia debería tener por lo menos _____ años.

57. La madre de Timoteo se llamaba _____. (Obtendrás puntos extras si sabes el nombre de su abuela también)

58. Pablo había dejado a Tito para pastorear la iglesia en la isla de _____.

59. Filemón había tenido un esclavo llamado _____.

60. El autor de Hebreos comenta cómo Abraham dio diezmos a _____, rey de Salem y sacerdote del Dios Altísimo.

61. Santiago compara a la _____ con un «un fuego, un mundo de maldad».

62. Pedro dice que el rol de la mujer en el matrimonio es ser _____.

63. Segunda de Pedro (El hermano gemelo del primer Pedro) nos recuerda que para el Señor un día es como _____ años.

64. Primera Juan dice a sus lectores que «... ésta es la hora final, y... el vendría...»

65. En la obra de Broadway *El violinista en el tejado* el instrumento que toca el violinista es el _____. (Esta no es una pregunta tramposa. Si no la respondes correctamente deberías considerar volver a leer historietas como tu fuente principal de literatura.)

66. Segunda de Juan está dirigida a la _____ elegida, lo que podría ser una referencia a una persona específica o una iglesia.

67. Juan dice en su tercer libro que todos daban buen testimonio de _____.

68. Judas se identifica a sí mismo como «...siervo de Jesucristo y hermano de _____».

69. Entre la apertura del sexto y séptimo sellos, el apóstol Juan vio a un ángel preparándose para sellar las frentes de _____ (cantidad) israelitas.

70. Luego de completar este desafío, necesito _____. (Llena este casillero con tus sentimientos personales en este momento). Algunas opciones podrían ser:

   • comer algo
   • decir una rápida oración
   • tomar unas largas vacaciones
   • buscar consejo

- mirar un poco de televisión
- entrar a un monasterio

¡Felicitaciones por haber terminado! Las preguntas de repaso suelen ser las más desafiantes, y mientras yo noto que eres bastante inteligente, lo descubrirás por ti mismo al chequear tus respuestas en la página 38.

Así que, date una palmada en la espalda, respira hondo y continuemos hacia...

CORRECCIONES, POR FAVOR

Parece que hay problemas con esta versión del discurso «... todo tiene su tiempo... » de Salomón en Eclesiastés 3:1-8. Traté de escribirlo exactamente de memoria pero creo que mi memoria no es lo que solía ser. ¿Podrás hacer las correcciones **antes** de buscar el pasaje?

(Pista: Quizás puedas **comenzar** marcando las oraciones que no pertenecen al discurso.)

Todo tiene su momento oportuno; hay un tiempo para todo lo que se hace bajo el sol:

Un tiempo para nacer, y un tiempo para morir.

Un tiempo para caminar, y un tiempo para correr.

Un tiempo para matar, y un tiempo para sanar.

Un tiempo para destruir, y un tiempo para construir.

Un tiempo para orar, y un tiempo para no orar.

Un tiempo para esparcir piedras, y un tiempo para recogerlas.

Un tiempo para obtener tu licencia de conducir, y un tiempo para obtener tu Seguro social.

Un tiempo para guardar, y un tiempo para desechar.

Un tiempo para rasgar, y un tiempo para coser.

Un tiempo para callar, y un tiempo para hablar.

Un tiempo para plantar la viña, y un tiempo para beber el vino.

Un tiempo para apacentar el ganado, y un tiempo para matar a los corderos

Un tiempo para amar, y un tiempo para odiar.

Un tiempo para la guerra, y un tiempo para la paz.

Un tiempo para trabajar, y un tiempo para leer otro libro de ejercicios de conocimiento bíblico.

Un tiempo para compartir una limonada con un mimo, y un tiempo para escarbar en la mugre para encontrar una moneda.

Como dije, tengo mis seria dudas acerca de la necesidad de esto. ¿Terminaste con tus correcciones? Muy bien, ve a la pagina 41 y observa qué dice la revisión real.

Ahora es tiempo de... nuestra primera lista humorística. (Fanfarria de trompetas)

DIEZ MOTIVOS POR LOS QUE LOS HIJOS DE ISRAEL SE OFENDÍAN CON MOISÉS

10. Porque nunca pudo conseguir «perros calientes» para el pueblo.

9. Porque descubrieron que él se refería a leche «descremada» y miel de hormigas.

8. Porque podía partir el mar en dos con su vara pero no podía peinar su cabello con su peine.

7. Por que su tienda era de tres niveles.

6. Porque se cansaron de verlo usar una camiseta con la inscripción «Faraón muerde».

5. Porque puso una cabina de peaje en la mitad del cruce del Mar Rojo.

4. Porque apedreaba a las personas que no se limpiaban con hilo dental.

3. Porque descubrieron que las supuestas ofrendas de palominos eran en realidad palomas mensajeras, que volvían más tarde cuando nadie las veía.

2. Porque amenazó con convertir la vara de Aarón en el dinosaurio Barney.

1. Porque cada vez que iban de picnic, Moisés siempre hacía que viniese alguna nube.

PARECE QUE TIENES UN CUADRO «VIRAL», MOISÉS

¿QUIÉN LO DIJO? (GÉNESIS)

El siguiente juego de adivinanza múltiple (¡Vaya vaya! Quiero decir ELECCIÓN múltiple) es sobre citas tomadas del libro de Génesis. Solamente debes mencionar quién la dijo. Por ejemplo, si la cita fuese:

1. «¡Denme la libertad o denme la muerte!» y las opciones fueran:

   A. Harry Truman
   B. Patrick Henry
   C. Daniel Boone
   D. Pat Boone
   E. Garth Brooks

Entonces responderías que la opción correcta es la E. Por supuesto que esto estaría MAL pues la respuesta correcta es la D. Pero eso no importa en este momento, así que volvamos a Génesis.

1. «... Por favor, señores, les ruego que pasen la noche en la casa de este servidor suyo. Allí podrán lavarse los pies, y mañana al amanecer seguirán su camino.»

   A. Abraham
   B. José
   C. Caín
   D. Lot
   E. Judas

2. «... ¿Dónde está tu hermano Abel?»

   A. Eva
   B. La serpiente
   C. El Señor
   D. Adán

E. Un vendedor ambulante

3. «... ¿Podremos encontrar una persona así, en quien repose el espíritu de Dios?»

A. Faraón
B. José
C. Jacob
D. Noé
E. Rut

4. «... Yo no me estaba riendo.»

A. La mujer de Lot
B. Jacob
C. Abraham
D. Sara
E. Alguien que leyó mi primera lista humorística.

5. «... ¿Qué pasa si la mujer no está dispuesta a venir conmigo a esta tierra?»

A. Lot
B. El criado de Abraham
C. Un ángel del Señor
D. Isaac
E. Abraham

6. «... Ya había perdido la esperanza de volver a verte, ¡y ahora Dios me ha concedido ver también a tus hijos!»

A. Raquel
B. Jacob (También llamado Israel)
C. Lea
D. José

E. Alguien que se encontró con el jinete sin cabeza, quien estaba llevando a sus hijos de picnic.

7. «¿Por qué estás tan enojado? ¿Por qué andas cabizbajo?»

A. El Señor
B. La esposa de Noé
C. Esaú
D. Abel
E. El entrenador de boxeo de Mike Tyson

8. «... Hijo mío, ¡que esa maldición caiga sobre mí! ...»

A. Jacob
B. Isaac
C. Lea
D. Rebeca
E. Job

9. «¡Maldito sea Canaán!...»

A. Dios
B. Abraham
C. Noé
D. Nimrod

10. «Construyamos una ciudad con una torre que llegue hasta el cielo.»

A. El pueblo que se estaba moviendo hacia el oriente en el tiempo antiguo.
B. Los amorreos
C. Nimrod
D. La tribu de Dan

11. «¡Miren!, el hebreo que nos trajo mi esposo solo ha venido a burlarse de nosotros.»

   A. El guardaespaldas de Faraón
   B. El siervo de Potifar
   C. La esposa de Potifar
   D. Algunos hombres de Sodoma
   E. Un cenzontle. (Hey, si podes atraparlo, será mejor que estés preparado para hacerlo.)

12. «¡Qué nos has hecho! ¿En qué te he ofendido, que has traído un pecado tan grande sobre mí y sobre mi reino?»

   A. Amrafel, rey de Sinar
   B. Quedorlaomer, rey de Elam
   C. Birsá, rey de Gomorra
   D. Abimelec, rey de Gerar
   E. James Brown, padrino del soul

13. «Dios sabe muy bien que, cuando coman de ese árbol, se les abrirán los ojos y llegarán a ser como Dios, conocedores del bien y del Mal»

   A. El ángel que guardaba las puertas del Edén
   B. Adán
   C. La serpiente
   D. Eva
   E. El narrador omnisciente

14. «Si tanto me odian, que hasta me echaron de su tierra, ¿para qué vienen a verme?»

   A. Caín
   B. Isaac
   C. Esaú

D. José
E. El hombre elefante

15. «¡Qué feliz soy! Las mujeres me dirán que soy feliz.»

A. Raquel
B. Lea
C. Eva
D. Bilha

16. «Si nos picáis, ¿no sangramos? Si nos hacéis cosquillas, ¿no nos reímos? Si nos envenenáis, ¿no morimos?»

A. Lady Macbeth
B. El fantasma del padre de Hamlet
C. Shylock
D. El rey Lear
E. Uno de los extraterrestres de los expedientes secretos X

Como aparentemente estoy desviándome hacia Shakespeare, creo que es hora de terminar este juego aquí.

Así que, si estás satisfecho con tus respuestas, ve a la página 42 y busca quién lo dijo.

¡AY! (PRIMERA PARTE): FORMA DOLOROSA (Y/O INUSUAL) DE MORIR

Une la persona con su respectiva muerte. (El autor no asume responsabilidad por los destinos desafortunados de las personas involucradas en estos incidentes. Solamente recomienda que evites responder estas preguntas después de comer.)

___ 1. Cuando le clavaron una estaca en la sien

___ 2. Murió en trabajo de parto mientras viajaba

___ 3. Tragado por la tierra

___ 4. Herido por un ángel y comido por gusanos

___ 5. Pisoteado por una «estampida» de sus pares

___ 6. Golpeado por una piedra de molino arrojada desde un muro

___ 7. Intencionalmente prendió fuego al palacio y murió en él

___ 8. Un gran viento derribó su casa

___ 9. Fuerte granizo

___ 10. Muerta por sobredosis

___ 11. Hervido y comido

___ 12. Decapitado

___ 13. Se ahorcó

___ 14. Se convirtió en estatua de sal

___ 15. Muerto por tocar el arca de Dios

A. Coré y sus hombres	I. Herodes
B. Judas	J. La esposa de Lot
C. Uza	K. Sísara
D. Raquel	L. Los hijos e hijas de Job
E. El hijo de la samaritana	M. Los amorreos y sus aliados
F. Zimri	N. Abimélec
G. Sabá, hijo de Bicrí	O. Marilyn Monroe
H. Un oficial del rey	

¡Uh! ¿No te alegras de haber terminado? Afortunadamente has podido usar el proceso de eliminación para ayudarte a obtener la mayor cantidad de respuestas correctas. Pensándolo bien, ¡el proceso de eliminación fue usado con **todas estas personas!** ¿No estás contento de ser **tú** y no **ellos?**

¿Necesitas chequear algo antes de ver las respuestas? Hazlo, aquí te esperaré (Estaré tarareando la canción de algún programa conocido mientras revisas.)

Se acabo el tiempo. Vamos a la página 42 y no hagamos de esto algo demasiado doloroso.

¡SIN MIRAR, SIN ESPIAR!

Las siguientes personas se relacionan con asuntos «visuales» en la Biblia. ¿A cuántos puedes mencionar?

1. _____ estuvo ciego por tres días. Luego escamas cayeron de sus ojos.

2. En la visión de _____ de los querubines y las ruedas, ¡éstas estaban llenas de ojos!

3. Luego de que _____ fuera forzado a ver la muerte de sus hijos, le quitaron los ojos.

4. Los ángeles hirieron con ceguera a los hombres de la malvada ciudad de _____.

5. Cuando Jesús tocó por primera vez los ojos de este ciego, él dijo que veía a los hombres como _____. Jesús lo tocó nuevamente y vio con claridad.

6. _____ tenía noventa y ocho años y Samuel dice que «...ya se estaba quedando ciego...».

7. _____ fue enceguecido por sus captores luego de que «su amiga» ayudara a una conspiración en su contra.

8. Cuando el profeta _____ oró, Dios respondió hiriendo a todo el ejército sirio con ceguera.

9. _____, un ciego que pedía limosna, fue sanado por Jesús cuando llegó a Jericó.

10. Esta cita es del profeta _____: «Se abrirán
    entonces los ojos de los ciegos
    y se destaparán los oídos de los sordos».

11. Aunque _____ ha sido ciego de nacimiento,
    esto no le ha impedido hacer la mejor versión de «Georgia
    on my mind» que alguna vez puedas oír.

En palabras de los protagonistas de 3 y 7 arriba, ¡Voy a sacar
mi ojo y seguirte con él! Mientras tanto, ve a la página 44 para chequear tus respuestas.

Luego de tantas muertes y cegueras, mejor será tomar un recreo. Aquí tienes otra lista humorística.

DIEZ COSAS POR LAS QUE ADÁN NUNCA SE PREOCUPABA:

10. Del día de las madres

9. De las oficinas de impuestos

8. De los novios anteriores de Eva

7. De obtener un ascenso

6. De que los abuelos malcriaran a sus hijos

5. De dónde había guardado sus fotos de cuando era bebé

4. De su puntaje universitario

3. De olvidar darse sus vacunas

2. De ahorrar para su retiro

1. De genes defectuosos

Y ahora, damas y caballeros, para cerrar el capítulo uno, les dejo un chiste de Zaqueo (Lucas 19: 1-10), nuestro «alto» personaje favorito, quien nos dice:

«Así que yo soy el personaje que parece que está sentado todo el tiempo. No puedo evitarlo, soy pequeño. Así que debes estar preguntándote por qué no le pedí a Jesús que me hiciera más alto. De hecho, lo hice. Y él lo hizo. Pero no me hizo más musculoso, por lo

cual terminé pareciéndome a Gumby. Por eso decidí que ser pequeño no estaba tan mal después de todo.

¡Han sido un excelente público! Éxitos, y nos vemos al final del
próximo capítulo.»

Parejas piadosas
Páginas 8-9
1. L. Sara (Saray) (Gn 11)
2. D. No se menciona esposa
3. I. Booz (Rt 4)
4. H. María (Mt 1)
5. G. Séfora (Éx 2)
6. J. Ada (Gn 4)
7. A. Ananías (Hch 5)
8. K. Nombre desconocido (Las leyendas populares, sin embargo suelen favorecer la teoría de que la esposa de Noé se llamaba «Anita». Frecuentemente, se lo escuchaba decir «¡Anita, el martillo!» o «¡Anita, el balde!» o «¡Anita, otro animal que haga pareja con este!»
9. C. Lea (Gn 29)
10. N. Herodes Tetrarca (Mt 14)
11. M. Aquila (Hch 18)
12. B. Juana (Lc 8)
13. F. Oseas (Os 1)
14. E. Vilma (Hanna- Barbera- ¡Uh, están en una página fuera de la historia!)

Solo los hechos
Página 10
1. Sí (Mt 2: 1-12)
2. No, el ángel apareció a José. (Mt 1:20)
3. No, no apareció hasta el juicio de Jesús muchos años después. (Mt 27: 1-2, 11-26)
4. Sí (Mt 2: 13-15)
5. No, pero María visitó a los padres de Juan el Bautista antes de que nacieran los niños. (Lc 1: 39-56)
6. Sí (Mt 1:19)

7. No (Lucas 1:26-38, ¡no Mateo!)
8. No (Lc 2: 7-17)
9. No (Lc 2:21)
10. Sí (Mt 1:25)
11. Sí (Mt 2:7-8)
12. Sí (Mt 2:16)
13. No (Lc 2:1)
14. No (Lc 2:25-35)
15. ¿? Mientras que los teólogos todavía están debatiendo esto en el seminario, nosotros tenemos algunos hechos que han sido recientemente desenterrados en una excavación arqueológica a la cual tuve el privilegio de asistir cerca de Terre Haute, Indiana. Estas indican que María era miembro de una organización de madres que tenía unas reglas muy estrictas:
    1. Ningún paciente debe permanecer más de tres días en un pesebre.
    2. Deberán utilizarse pañales genéricos. Si algún paciente desea utilizar pañales de marcas renombradas deberá abonar la diferencia.
    3. Se permiten animales en la sala de partos pero no pueden filmar el nacimiento.
    4. Se abonará la estadía en una sala (o «granero»). Las suites privadas (o «establos») están a cargo del paciente.

Une el milagro
Páginas 11-12
    1. I. Pablo (Hch 28)
    2. M. Josué (Jos 3)
    3. D. Moisés (Éx 17)
    4. N. Eliseo (2 R 6)

5. H. Jesús (Jn 2)
6. G. Balaam (Nm 22)
7. L. Ananías (Hch 5)
8. A. Elías (1 R 17)
9. E. Pedro (Hch 12)
10. K. Dagón (1 S 5)
11. B. Lázaro (Jn 11)
12. J. Sansón (Jue 14)
13. F. Aarón (Nm 17)
14. C. Bill Gates (MS DOS 6.1)

Memoria Excelente
Páginas 13-20
1. Ararat (Gn 8:4)
2. Becerro (Éx 32:4
3. Fuego (Lv 10:1-2)
4. Codornices (el pájaro, no Dan) (Nm 11:31-34)
5. Naciones (Dt 7:1)
6. Rajab (Jos 2:1)
7. Débora (Jue 4:4-16)
8. Suegra (Rt 1:3-16)
9. Saúl (1 S 15:10-11)
10. Natán (2 S 12:1-13)
11. Joab hijo de Sarvia (¡Vamos, todos lo sabían!) (1 R 2:5-6)
12. Ezequías (2 R 20:14-19)
13. Saúl, cayendo intencionalmente sobre su propia espada. (1 Cr 10:4)
14. La reina de Sabá (2 Cr 9:5-6)
15. Ciro, rey de Persia (Esd 1:1-4)
16. Zorra (el animal) (Neh 4:3)
17. Purim (Est 9:26)

(Nota del autor: Mi esposa y yo tuvimos la oportunidad especial de visitar una sinagoga cuando estaban celebrando esta fiesta. Fue una experiencia especial que disfrutamos completamente y no olvidaremos.)

18. Siete (Job 2:13)
19. 150 (Sal 1-150)
20. Buena fama (Pr 22:1)
21. Vanidad (Ec 1:2)
22. Sulamita (Cnt 6:13)
23. Babilonia (Is 46-47)
24. Casarse (Jer 16:1-2)
25. La muerte de su esposa (Ez 24:15-18)
26. Nabucodonosor (Dn 2:46-49)
27. Prostituta (Os 1:2)
28. Invasión de langostas (¡Y nosotros creíamos que los escarabajos japoneses eran una plaga!) (Jl 1:2-4)
29. Terremoto (Am 1:1)
30. Edom (Abd 1:1)
31. Echar suertes (Jon 1:7)
32. Criptonita verde (¿Recuerdas? Y la criptonita roja tenía efectos impredecibles. Una vez hizo que Superman considerase convertirse en un escritor humorista. ¡Qué terrible esa sustancia roja!)
33. Samaria (Mi 1:6)
34. Nínive (Nah 1:1)
35. Babilonios (Hab 1:6-17)
36. Lobos (Sof 3:3)
37. La casa del Señor (Hag 1:2-4)
38. Jerusalén (Zac 2:1-2)
39. Levi (Mal 2:4-8)
40. Los discípulos de Juan el Bautista (Mt 11:2-3)
41. Genesaret (Mr 6:53)
42. Más allá (Toy Story, Disney)

43. Cuidar cerdos (Lc 15:15)
44. Pascua (Jn 2:13-16)
45. Saulo (Hch 7:58)
46. Autoridades Públicas (Ro 13:1)
47. Apolos (1 Co 3:6)
48. Incrédulos (2 Co 6:14)
49. Hacer el bien (Gá 6:9)
50. Espada (Ef 6:17)
51. Ganancia (Fil 1:21).
52. Ángeles (Col 2:18)
53. Satanás (1 Ts 2:18)
54. Coma (2 Ts 3:10)
55. El Parque Jellystone
56. Sesenta (1 Ti 5:9; aunque tenían descuentos por ser mayores a partir de los cincuenta)
57. Eunice (abuela: Loida) (2 Ti 1:5)
58. Creta (Tit 1:5)
59. Onésimo (Flm 10)
60. Melquisedec (Heb 7:1-2)
61. Lengua (Stg 3:6)
62. La sumisión (1 P 3:1) (¡Cómo cambian las cosas!)
63. Mil (2 P 3:8)
64. Anticristo (1 Jn 2:18)
65. Oboe (¡Ja ja! Solo bromeo, si no era un violín todos estamos en grandes problemas. Pero en caso de que te hayas equivocado, responde esto: ¿De qué color es una naranja?)
66. Mujer (2 Jn 1)
67. Demetrio (3 Jn 12)
68. Jacobo (Jud 1)
69. 144.000 (Ap 7:4)

Correcciones, por favor.
Páginas 21-22

Como dije, tengo algunas dudas acerca de la exactitud de esto. ¿Has terminado las correcciones? Veamos lo que dice la versión real.

"Bajo del sol" debería ser "debajo del cielo" (¡Está bien, estoy demasiado exigente! No bajaré puntos a tu examen por esto)

Las oraciones exactas que incluí en mi versión son:

Un tiempo para nacer, y un tiempo para morir.
Un tiempo para matar, y un tiempo para sanar.
Un tiempo para destruir, y un tiempo para construir.
Un tiempo para esparcir piedras, y un tiempo para recogerlas.
Un tiempo para guardar, y un tiempo para desechar.
Un tiempo para rasgar, y un tiempo para coser.
Un tiempo para callar, y un tiempo para hablar.
Un tiempo para amar, y un tiempo para odiar.
Un tiempo para la guerra, y un tiempo para la paz.

Aparentemente, me equivoqué en algunas. Salomón se niega a atribuirse el mérito (o la culpa) por los siguientes:

Un tiempo para caminar, y un tiempo para correr.
Un tiempo para orar, y un tiempo para no orar.
Un tiempo para obtener tu licencia de conducir, y un tiempo para obtener tu Seguro Social.
(Creo que Salomón era uno de los pocos de sus días que realmente tenía Seguro Social)

Un tiempo para plantar la viña, y un tiempo para beber el vino.

Un tiempo para apacentar el ganado, y un tiempo para matar a los corderos.

Un tiempo para trabajar, y un tiempo para leer otro libro de ejercicios de conocimiento bíblico.

Un tiempo para compartir una limonada con un mimo, y un tiempo para escarbar en la mugre para encontrar una moneda

¿QUIÉN LO DIJO? (GÉNESIS)
Páginas 24-28

1. D. (Gn 19:1-2)
2. C. (Gn 4:9)
3. A. (Gn 41:38)
4. D. (Gn 18:15)
5. B. (Gn 24:5)
6. B. (Gn 48:11)
7. A. (Gn 4:6)
8. D. (Gn 27:13)
9. C. (Gn 9:25)
10. A. (Gn.11:4)
11. C. (Gn 39:14)
12. D. (Gn 20:9)
13. C. (Gn 3:5)
14. B. (Gn 26:27)
15. B. (Gn 30:13)
16. C. («El mercader de Venecia» de Shakespeare)

¡AY! (Primera Parte)
Páginas 29-30

1. K. Sísara (Jue 4:18-21)
2. D. Raquel (Gn 35:16-19)
3. A. Coré y sus hombres. (Nm 16:31-33)
4. I. Herodes (Hch 12:23)
5. H. Un oficial del rey (2 R 7:17)
6. N. Abimélec (Jue 9:52-53)
7. F. Zimri (1 R 16:18)
8. L. Los hijos e hijas de Job (Job 1:19)
9. M. Los amorreos y sus aliados. (Jos 10:11)
10. O. Marilyn Monroe (La leyenda dice que Moisés una vez pensó en suicidarse con una sobredosis, pero que no podría lograrla solo con dos tabletas de piedra)
11. E. El hijo de la samaritana (2 R 6:28-29)
12. G. Sabá, hijo de Bicrí (2 S 20:22)
13. B. Judas (Mt 27:5)
14. J. Esposa de Lot (Gn 19:26)
15. C. Uza (2 S 6:7)

¡SIN MIRAR, SIN ESPIAR!
Páginas 31-32

1. Saulo (Hch 9:9, 18)
2. Ezequiel (Ez 10:9-12)
3. Sedequías (2 R 25:7)
4. Sodoma (Gn 19:11)
5. Árboles (Mr 8:22-25)
6. Elí (1 S 4:14-15)
7. Sansón (Jue 16:16-21)
8. Eliseo (2 R 6:18-23)
9. Bartimeo (Mr 10:46-52)
10. Isaías (Is 35:5)
11. Ray Charles (Si has elegido a Mr Magoo, deberías estar absolutamente avergonzado por hacerlo)

2

PRECALENTAMIENTO DE BAJO IMPACTO

(Lo que significa que estoy preocupado de que mi impacto en ti haya sido bastante bajo, pero espero que pronto te adaptarás a mi estilo de precalentamiento.)

El Antiguo Testamento tiene algunas historias verdaderamente maravillosas. Una de mis favoritas es la de Noé, una saga que muchos de nosotros escuchamos de pequeños. Ahora es momento de descubrir cuánto recuerdas del viejo Noé y su zoológico flotante, con este ejercicio de Verdadero/Falso.

NO TODO LO QUE FLOTA ES BOTE

____ 1. Antes del diluvio, se cita que Dios dijo que estaba arrepentido de haber creado al hombre.

____ 2. Dios ordenó a Noé que construyera el arca con madera resinosa y brea.

____ 3. El arca tenía 450 pies de largo, 75 de ancho y 25 de alto.

____ 4. La primera persona en entrar al arca fue Matusalén, el padre de Noé.

____ 5. Dios le dijo a Noé que no llevase comida, sino que comiese de las crías de los animales.

____ 6. Noé debía llevar siete parejas de cada animal limpio.

____ 7. Noé tenía 600 años cuando ocurrió el diluvió.

____ 8. En el arca, junto con todos los animales y aves, se encontraban Noe y su esposa, sus cuatro hijos y sus esposas.

____ 9. Las aguas inundaron la tierra por 150 días.

_____ 10. Los científicos que buscan el arca de Noé se denominan arqueólogos.

_____ 11. Los hijos de Noé cerraron el arca una vez que todos habían entrado en ella.

_____ 12. El arca descendió en lo que hoy llamamos los Alpes Suizos.

_____ 13. Noé envió una paloma, la cual retornó al no encontrar tierra seca.

_____ 14. Lo primero que hizo Noé luego de vaciar el arca fue construir una casa para su familia.

_____ 15. Dios le prometió a Noé que nunca más inundaría la tierra con un diluvio, y proveyó de un arco iris como señal de este pacto.

¡Espero que toda esta información te haya inundado!
Es tiempo de calafatear tus respuestas en la página 82.

Ya que estamos en el tema, tengo aquí una lista de los:

DIEZ PEQUEÑOS HECHOS ACERCA DEL DILUVIO

10. El único pedazo de tierra que quedó seco fue la Isla de Gilligan.
9. Noé se las arregló para secar cuatro hélices.
8. El arca en realidad flotó por el canal de Panamá.
7. El diluvio permitió que varios peces estudiaran en el exterior.
6. La familia de Noé escribió el guión original para la película **Waterworld**, y luego lo arrojaron por la borda, esperando que nadie lo encontrase.
5. No había forma de realizar pesca de profundidad.
4. La familia de Noé lo apodó «Capitán Steubing».
3. El arca fue transitoriamente anclada a la Torre Eiffel, hasta que el último francés que quedaba insultó a Noé y cortó la línea.
2. Los elefantes insistían en tomar un baño porque todos tenían sus mallas.
1. Toda la familia de Noé caminó mareada por el resto de su vida.

CÓMO OBTENER TU MAESTRÍA

(Preguntas acerca de MMLJ: Mateo, Marcos, Lucas y Juan)

1. Cuando Jesús tenía doce años, sus padres fueron a celebrar la pascua, y partieron pensando que él estaba acompañándolos. Cuando notaron que él no se encontraba allí, ¿dónde lo encontraron finalmente?

   A. En el Río Jordán con Juan el Bautista.
   B. En el templo, escuchando a los maestros.
   C. Con los pobres en las calles.
   D. Cerca del Monte de los Olivos, orando.
   E. Con algunos adolescentes, comiendo algo rico.

2. ¿Cuál de las siguientes frases refleja correctamente el relato de Marcos acerca de la segunda alimentación milagrosa de las multitudes?

   A. Cerca de cuatro mil hombres (y sus familias) fueron alimentados, luego de que Jesús bendijera siete panes y algunos pequeños peces.
   B. Más de nueve mil hombres, más las mujeres y los niños, fueron alimentados luego de que Jesús bendijese cinco panes y dos peces.
   C. Los discípulos trajeron diez panes y ocho peces a Jesús, quien los bendijo y alimentó a unas mil personas.
   D. Jesús decidió no multiplicar los panes que tenían a mano y ordenaron pizzas para todos. ¡El milagro fue que las pizzas llegaron a tiempo, estaban calientes, y el pedido de cada uno estaba correcto!

3. Juan comienza refiriéndose a Jesús como:

   A. El Mesías

B. El Consolador
C. El Príncipe de Paz
D. El Verbo
E. El Cordero

4. Según el relato de Juan, ¿A quién se le apareció Jesús primero, luego de su resurrección?

   A. María Magdalena
   B. Pedro y Juan
   C. Los dos guardias romanos que estaban vigilando la tumba
   D. José de Arimatea
   E. Una pequeña cantidad de personas que estaba en el cementerio para un funeral

5. ¿A quién le dijo Jesús: «Vengan, síganme... y los haré pescadores de hombres»?

   A. Jacobo y Juan, hijos de Zebedeo
   B. Judas, Mateo y Marcos
   C. Simón Pedro y su hermano, Andrés
   D. Un grupo de niños que estaban pescando en el Mar de Galilea
   E. Martín Pescador

6. Cuando Jesús dijo «Les aseguro que no he encontrado en Israel a nadie que tenga tanta fe», se refería a:

   A. Zaqueo
   B. La suegra de Pedro
   C. Un centurión
   D. Un paralítico que fue descendido por el techo
   E. Un hombre que pidió sanidad de su adicción a mirar fútbol por TV

7. Cuando Jesús llegó a Nazaret al comienzo de su ministerio, fue a la sinagoga un sábado. ¿De qué libro leyó a la congregación allí?

    A. Ezequiel
    B. Isaías
    C. Daniel
    D. Jeremías

8. Mientras viajaban a Capernaúm, los discípulos de Jesús discutieron acerca de:

    A. Lo que Jesús quiso decir al expresar que levantaría el templo en tres días
    B. Por qué no habían podido expulsar ciertos demonios
    C. Por qué Jesús había sido tan duro con los fariseos
    D. Quién de ellos sería el más importante
    E. La mejor forma de filetear el salmón del Mar Muerto

9. Según Lucas, las últimas palabras de Jesús antes de su muerte en la cruz fueron:

    A. «¡Padre, en tus manos encomiendo mi espíritu!»
    B. «Te aseguro que hoy estarás conmigo en el paraíso...»
    C. «Dios mío, Dios mío, ¿por qué me has desamparado?»
    D. «... Padre... perdónalos, porque no saben lo que hacen»

10. ¿Por qué la mujer samaritana se sorprendió de que Jesús le pidiera de beber?

    A. Porque los judíos no hablaban con samaritanos
    B. Porque los hombres nunca pedían a las mujeres que sacaran agua para ellos
    C. Porque ella se dio cuenta de que estaba viviendo una vida inmoral

D. Porque ella era leprosa, y las personas solían evitarla

11. ¿A quién apodó Jesús «Hijos de trueno»?

    A. Andrés y Tomás
    B. Los fariseos
    C. Jacobo y Juan
    D. Mateo y Marcos
    E. Dos cachorritos que encontró durante una tormenta

12. Según Mateo, la primera persona que fue sanada después del sermón del monte fue:

    A. Una mujer que había padecido de flujo de sangre por muchos años
    B. Un leproso
    C. El hombre de la mano seca
    D. Un ciego
    E. Un hombre que tropezó y cayó rodando por la montaña

13. Cuando Jesús preguntó a sus discípulos quién decían los hombres que él era, ellos respondieron todas estas frases EXCEPTO:

    A. Jeremías
    B. Juan el Bautista
    C. Elías
    D. Isaías
    E. Uno de los profetas

14. En la parábola del buen samaritano, ¿quiénes pasaron al lado del hombre herido sin ayudarlo?

    A. Un fariseo y un escriba
    B. Un sacerdote y un levita

C. Un escriba y un publicano
D. Un centurión y un levita
E. Homero y O. J. Simpson

15. Luego de la resurrección de Jesús, él se les apareció a dos individuos (uno llamado Cleofas) mientras ellos viajaban a:

A. Emaús
B. Damasco
C. Jerusalén
D. Galilea
E. Una cena de pascua

Para descubrir si has ganado tu maestría, ve a la página 82.

IDA Y VUELTA

Todas estas personas «volvieron» de la muerte. ¿Puedes nombrarlos?

1. Antes de resucitar a la hija de _____, Jesús fue burlado por aquellos que le escucharon decir que ella estaba dormida.

2. Luego de que Elías orara, calentó el cuerpo de este muchacho con el suyo. Al volver a la vida, el muchacho estornudó siete veces. (No sabemos si Elías dijo: «Salud», siete veces.) Al muchacho se lo conoce como el hijo de _____.

3. Luego de dormirse durante uno de los mensajes de Pablo, _____ se cayó de un tercer piso y murió, pero Pablo lo revivió.

4. _____ era el hermano de María y Marta, y había estado muerto por cuatro días cuando Jesús le ordenó que saliera de la tumba.

5. El rey Saúl se disfrazó y visitó una adivina, quien, por su pedido, llamó al espíritu de _____.

6. _____, una mujer que siempre hacía el bien y ayudaba a los pobres, fue resucitada por Pedro.

7. Según Lucas, Jesús resucitó al hijo de una viuda al tocar su _____.

8. Cuando el hijo de la viuda que lo hospedaba murió, el profeta del Antiguo Testamento, llamado _____, se acostó sobre el niño tres veces y clamó al Señor. 1 Reyes

17:22 dice: «El Señor oyó el clamor de Elías, y el muchacho volvió a la vida».

9. Mateo dice que _____ fueron resucitados y salieron de sus tumbas luego de la muerte de Jesús en la cruz.

10. El cuerpo de un hombre fue arrojado en la tumba de _____ y volvió a la vida luego de tocar los huesos del profeta muerto.

¡Ahora mi tarea consiste en traerte **a ti** a la vida nuevamente! (¿No te habrás quedado dormido?) Bueno, despierta, las respuestas están en la página 83.

¿DÓNDE HAS ESTADO, AMIGO?

Bueno, amigo, el truco aquí consiste en unir a estas personas con el lugar con el que solían estar asociadas. ¿Estás listo?

1.	Sansón	A.	El desierto
2.	Rut y Noemí	B.	Ciudad Gótica
3.	Los magos o sabios	C.	Nínive
4.	Hiram	D.	Tarso
5.	Timoteo	E.	Mar de Galilea
6.	Jonás	F.	Tiro
7.	Lot	G.	Filistea
8.	Batman	H.	Río Quebar
9.	Ester	I.	Belén
10.	David	J.	Honolee
11.	Ciro	K.	Derbe/ Listra
12.	Moisés	L.	Sodoma
13.	Isaac	M.	Susa
14.	Ezequiel	N.	Israel
15.	Simón Pedro	O.	Guerar
16.	Puff el dragón mágico	P.	Persia
17.	Saulo	Q.	Oriente

PREGUNTA POR PUNTOS EXTRAS

1. ¿A quién se parece el autor de este libro?

   A. Brad Pitt
   B. Mel Gibson
   C. Al joven Robert Redford
   D. «Babe»

Las respuestas se asocian con la página 83.

Si tienes listas tus botas y tu equipo ya podrás...

CABALGAR POR EL SERMÓN

Aquí tienes mi versión del Sermón de la Monte. Siendo yo vaquero, podría apostar que el Sermón fue predicado desde un caballo, cuyo dueño era el único vaquero que podía sanar las molestias de su animal. Pero antes de galopar al cielo, él nos dejó preciosos consejos. Debo advertirte primero, que esto es todo lo que mi memoria (que no es lo que solía ser) recuerda, así que deberás decidir por ti mismo cuáles expresiones con correctas y cuáles no lo son.

C = Correcta   I = Incorrecta

___ 1. Dichosos los pobres en espíritu, porque recibirán la tierra como herencia.

___ 2. Dichosos los que trabajan por la paz, porque serán llamados hijos de Dios.

___ 3. La sal que se vuelve insípida solo sirve para alimentar a los animales.

___ 4. Todo el que infrinja uno solo de estos mandamientos, por pequeño que sea, y enseñe a otros a hacer lo mismo, quedará sujeto al juicio del infierno.

___ 5. No van a entrar en el reino de los cielos a menos que su justicia supere a la de los fariseos y de los maestros de la ley.

___ 6. Le quitarás el ojo a alguien con ello.

___ 7. Pero yo les digo que cualquiera que mira a una mujer y la codicia, ya ha cometido adulterio con ella en el corazón.

___ 8. No resistan al que les haga Mal Si alguien te da una bofe-
       tada en la mejilla derecha, vuélvele también la otra.

___ 9. Al que quiera tomar de ti prestado, no le vuelvas la espal-
       da, y sé misericordioso con aquellos que roban.

___ 10. Cuando oren, oren de pie en las sinagogas y en las es-
       quinas de las plazas para que su Padre en los cielos los
       recompense grandemente.

___ 11. Pero tú, cuando ayunes, perfúmate la cabeza y lávate la
       cara para que no sea evidente ante los demás que estás
       ayunando...

___ 12. Donde está tu tesoro allí estarán tus riñones.

___ 13. Observen cómo crecen los lirios del campo. No trabajan ni
       hilan; sin embargo, les digo que ni siquiera José, con todo
       su esplendor, se vestía como uno de ellos.

___ 14. ¿Por qué te fijas en la astilla que tiene tu hermano en el
       ojo, y no le das importancia a la viga que está en el tuyo?

___ 15. Pues si ustedes, aun siendo malos, saben dar cosas bue-
       nas a sus hijos, ¡cuánto más su Padre que está en el cielo
       dará cosas buenas a los que le pidan!

___ 16. Así que en todo hagan a los demás como ellos hacen a
       ustedes, porque esto resume toda la ley y los profetas.

___ 17. Por los frutos reconocerán a los falsos profetas. Sonarán
       dulces como una piña, pero caerán pesados como una
       banana. Su doctrina nunca compara manzanas con man-
       zanas, y solo piensan que tú eres como un durazno. En
       definitiva son todos uvas agrias.

___ 18. Un árbol bueno no puede dar fruto malo, y un árbol malo no puede dar fruto bueno.

___ 19. Todo el que profetiza en mi nombre y echa demonios en mi nombre ciertamente entrará en el reino de los cielos.

___ 20. Aquellos que escuchan mi palabra y no la ponen en práctica son como el hombre insensato, que construyo su casa e instaló ventanas baratas. Luego vino la lluvia, y las ventanas goteaban. Su esposa tuvo que ajustarlas. Al llegar el invierno con los fuertes vientos, sus hijos se resfriaron y él se dio cuenta de que había tomado una decisión muy tonta.

Bueno, amigo vaquero, es hora de bajar de tu caballo y averiguar cuánto recordaste de ese sermón. La respuesta está en la página 84. ¡No me culpes si cabalgaste por el mal camino!

¡AL DIABLO!

Como ya lo habrás adivinado, todas las preguntas tienen que ver con el «susodicho».

1. Según 1 Crónicas 21:1 Satanás se levantó contra Israel e incitó al rey David a:

    A. Declarar la guerra a los filisteos
    B. Cometer adulterio con Betsabé
    C. Asesinar a Saúl
    D. Realizar un censo
    E. Entrar en la «crisis de la edad media»

2. ¿Con quién altercó Satanás por el cuerpo de Moisés?

    A. El ángel Gabriel
    B. El arcángel Miguel
    C. Job
    D. Dios
    E. El coronel

3. Según la parábola del sembrador, el propósito de Satanás es:

    A. Tentar al sembrador para que no siembre la semilla
    B. Arrebatar la palabra sembrada en el corazón de los oyentes
    C. Distraer a aquellos que están saliéndose del camino para que no escuchen la palabra
    D. Atemorizar tanto a los sembradores como a los que oyen la palabra
    E. Fertilizar la tierra

4. Satanás acusó a Dios de rodear a:

A. Abraham
B. Jacob
C. Job
D. Jesús
E. Lot

5. ¿Qué acto incitado por el diablo se menciona por Juan, justo luego de la última cena?

    A. La traición de Judas Iscariote
    B. Las tres negaciones de Pedro
    C. Las dudas de Tomás
    D. La venganza de los ancianos y sacerdotes, y el plan de arrestar a Jesús
    E. El diabólico plan de Judas de sacar todas las botellas de los botes de basura

6. Pablo les dice a los corintios que Satanás se disfraza como:

    A. La esencia de nuestros deseos
    B. Un aguijón en la carne
    C. Una herida abierta en el espíritu
    D. Un ángel de luz
    E. Un Chevy modelo 1973

7. Según el Evangelio de Mateo, ¿Cuál fue el último lugar al que el diablo llevó a Jesús para tentarlo?

    A. Una montaña muy alta
    B. El pináculo del templo
    C. El monte de los Olivos
    D. El desierto
    E. Pizza Hut

8. Cuando los escribas acusaron a Jesús de echar demonios

«por medio del príncipe de los demonios», usaron este nombre para Satanás:

A. Baal
B. Lucifer
C. Beelzebú
D. Diablo

9. Pedro dice que el diablo anda alrededor como:

A. Un sabio de antaño
B. Un león rugiente
C. El príncipe de este mundo
D. Un lobo disfrazado de oveja
E. El dueño del lugar

10. Juan 8:44 se refiere a Satanás con dos de estas frases:

A. Asesino
B. Segador de la muerte
C. Un amo vil en gran manera
D. Padre de mentira
E. Como mi cuñado

11. Apocalipsis 20 muestra al diablo lanzado al lago de fuego y azufre con dos compañeros. ¿Quiénes son?

A. La bestia y la gran ramera
B. La bestia y el falso profeta
C. La gran ramera y el falso profeta
D. La bestia y el dragón oscuro
E. Butch Cassidy y Sundance Kid

12. La Biblia usa todos estos nombres para Satanás excepto:

A. Apolión
B. Diablo
C. Abadón
D. Moloc

¡Bueno, suficiente maldad con esto! Si quieres saber cuan mal te fue en este juego, tu respuesta está en la página 85.

Ya que estamos en el tema, aquí tienes las

DIEZ RAZONES POR LAS QUE SATANÁS FUE ECHADO DEL CIELO

10. Nunca usaba el guiño para girar.
9. Apretaba la pasta dental por el centro.
8. Realizaba horribles imitaciones de Elvis.
7. Cantaba constantemente la letra prohibida de Louie, Louie.
6. Inhalaba.
5. No podía desprenderse de su Stereo 8.
4. Estaba enseñando a un coro de ángeles a cantar rap.
3. Había firmado con la campaña de Nike «Solo vuela».
2. Usaba su halo como satélite.
1. Le mordió la oreja a San Pedro en un desafío de boxeo.

[68] PRECALENTAMIENTO DE BAJO IMPACTO

SE TRATA DE UNA VIDA

Une a estos personajes bíblicos con sus respectivas ocupaciones. (Nota: Recuerda el proceso de eliminación. Mi esposa lo intenta una y otra vez, pero aún no ha encontrado la manera de eliminarme **a mí.**)

___ 1.   Débora

___ 2.   Abel

___ 3.   Rode

___ 4.   Nimrod

___ 5.   Tadeo

___ 6.   Abdías

___ 7.   Barrabás

___ 8.   Jacobo hijo de Zebedeo

___ 9.   Amán

___ 10. Rajab

___ 11. Tértulo

___ 12. Lucas

___ 13. Jerry Seinfeld

___ 14. Lot

___ 15. Caleb

___ 16. Aquila

___ 17. Urías

___ 18. Lázaro

A. Ganadero	J. Sierva
B. Valiente cazador	K. Apóstol
C. Médico	L. Mendigo
D. Abogado	M. Guardia
E. Constructor de tiendas	N. Prostituta
F. Comediante	O. Bandido
G. Pastor de ovejas	P. Pescador
H. Soldado	Q. Espía
I. Profetisa	R. Oficial persa

Te darás cuenta de que algunos trabajos no han cambiado, mientras que hay ciertas profesiones que escasean en esta lista, como:

- Diseñador web
- Corredor de seguros
- Técnico en aire acondicionado
- Azafata
- Ingeniero genético
- Escritor humorista

Pensándolo bien, mejor que fuera así. Vamos a las respuestas en la página 85.

JUEGA DE NUEVO, SANSÓN

¡Esta historia de este fuerte hombre es fascinante! ¿Cuáles de estas frases reflejan exactamente lo ocurrido en el relato bíblico? (Verdadero / Falso)

___1. En el tiempo de su nacimiento, los israelitas estaban disfrutando de una época de gran prosperidad y superioridad por sobre sus enemigos.

___2. Un ángel visitó a su madre antes de su concepción y le dio instrucciones específicas acerca del niño.

___3. Sansón era hijo único al momento de nacer.

___4. El nombre de su padre era Samuel.

___5. El ángel le dijo a su madre que se abstenga de beber vino o cualquier cosa inmunda durante su embarazo.

___6. El padre de Sansón pensó que él y su esposa estaban en peligro de muerte por haber visto a Dios.

___7. La primera muestra de fuerza de Sansón fue cuando tenía solo cinco años: ¡pudo levantar a su corpulenta tía Bessie!

___8. Unos pocos días después de matar a un tigre, Sansón descubrió que en el cadáver había un panal de abejas con miel.

___9. Sansón mató a su primera mujer cuando ella lo acosó acerca de un enigma que él propuso a los hombres que estaban en su fiesta de casamiento.

___ 10. Sansón quemó los campos de los filisteos utilizando trescientas zorras con teas atadas en sus colas.

___ 11. Dios preservó milagrosamente la vida de Sansón proveyéndole agua.

___ 12. Mientras estaba en Gaza, Sansón visitó a una adivina para saber cuánto tiempo iba a vivir.

___ 13. Dalila accedió a conspirar contra Sansón a cambio de una gran cantidad de monedas de plata.

___ 14. Sansón le dijo a Dalila que no podría librarse a sí mismo si era atado con una cuerda nueva que nunca hubiese sido usada.

___ 15. Cuando los filisteos capturaron a Sansón, le quitaron los ojos y lo ataron fuera de su templo.

___ 16. Sansón le pidió a uno de los sacerdotes que lo ayude a apoyarse sobre las columnas del templo.

___ 17. Las últimas palabras de Sansón fueron «¡Muera yo junto con los filisteos!».

___ 18. Sansón mató a más filisteos en su última demostración de fuerza que durante toda su vida.

Así que el templo filisteo acabó convirtiéndose en plastilina y Sansón terminó siendo un «aguafiestas».

Ahora sí, vayamos a la página 86 para las respuestas.

SALOMÓN DICE

Como el principal escritor de Proverbios, Salomón siempre recibe el crédito por ellos. Pero en realidad seguramente hubo otros muchachos sabios que lo tienen, (yo nací demasiado tarde para participar) como Ezequías, Agur y Lemuel. No son solamente nombres poco conocidos, quizás también tuvieron harenes más pequeños que el de Salomón.

Elige la opción correcta:

1. «El temor del Señor es _____»

    A. El camino hacia la libertad del alma
    B. El principio del conocimiento
    C. El refugio en la tormenta
    D. La puerta a la salvación
    E. Significativamente diferente al miedo en sí mismo

2. «Clama _____ en las calles; en los lugares públicos levanta su voz.»

    A. La mala mujer
    B. La viuda pobre
    C. El bien
    D. La sabiduría
    E. El vendedor de maní

3. Según Proverbios 2, la mujer inmoral hace todas estas cosas excepto...

    A. Ofrece bebida intoxicante
    B. Abandona al el compañero de su juventud
    C. Adula con palabras seductoras
    D. Ignora su pacto con Dios

4. ¿Qué tres cosas de estas deben ocurrir antes de que el Señor allane tus sendas?

   A. No ser sabio en tu propia opinión
   B. Reconocer a Dios en todos tus caminos
   C. Confiar en el Señor de todo corazón
   D. Dar generosamente al teletón de Jerry Lewis

5. Cuando esté en tu posibilidad, no:

   A. Defraudes a la autoridad establecida por Dios
   B. Permitas que el diablo tome ventaja
   C. Niegues el bien a quien es debido
   D. Te aproveches del hermano desafortunado
   E. Golpees la bola si el jugador delante de ti todavía está en el green

6. ¿De dónde dice Salomón que uno debe beber?

   A. Del río de la vida
   B. De tu propio pozo
   C. Del pozo de Jacob
   D. De los perfectos arroyos de la sabiduría

7. En Proverbios 6, ¿A qué insecto le pide al perezoso que observe?

   A. La hormiga
   B. La abeja
   C. La araña
   D. La mariposa
   E. La cucaracha

8. El capítulo 8 de Proverbios termina diciendo: «Quien me

rechaza, se perjudica a sí mismo; quien me aborrece, ama la muerte». ¿Quién dice esto?

A. La hormiga
B. Dios
C. Salomón
D. La sabiduría
E. El oxígeno

9. «La boca del justo profiere sabiduría, pero la lengua perversa será _____»

A. Deshecha por el insensato
B. Silenciada
C. La herramienta del diablo
D. Cercenada
E. Horadada

10. Una mujer bella pero indiscreta es como:

A. Perla escondida en el barro
B. Flor cortada por el viento
C. Argolla de oro en hocico de cerdo
D. Tesoro escondido en el mar
E. Personaje típico de serie de televisión

11. «Hay caminos que al hombre le parecen rectos, pero que acaban por ser caminos de _____.»

A. Pobreza
B. Muerte
C. Humillación
D. Ruina
E. Izquierda

12. Al orgullo le sigue la destrucción; ¿Qué viene antes del fracaso?

   A. La altanería
   B. El mejor plan
   C. La avaricia
   D. La maldad
   E. Tu equilibrio

13. «Más resiste _____ que una ciudad amurallada...»

   A. El simple
   B. El hermano ofendido
   C. La mujer repudiada
   D. La insensatez
   E. Donald Trump

14. «La gloria de los jóvenes radica en su fuerza; la honra de los ancianos, en _____.»

   A. La sabiduría adquirida
   B. Su casa
   C. Una herencia justa
   D. Sus canas
   E. Un buen seguro médico

15. Proverbios 22:2 dice que los ricos y los pobres tienen algo en común. ¿Qué es?

   A. Ambos enfrentarán el juicio de Dios
   B. Ambos pasan por sufrimiento
   C. Ambos fueron creados por Dios
   D. Ambos son tentados por la insensatez y el mal
   E. Ambos desprecian a la clase media

16. «No te alegres cuando _____»

    A.   Tus hijos te llamen bienaventurado
    B.   Tu riqueza sea mayor que la de tu vecino
    C.   Caiga tu enemigo
    D.   El rey te muestre favor

17. «Como _____ con incrustaciones de plata son las palabras dichas a tiempo.»

    A.   Las joyas de Sabá
    B.   Una esmeralda de Tiro
    C.   Piedras de Ónice
    D.   Naranjas de Oro

18. Proverbios 27 anima al lector a asegurarse de saber...

    A.   Cómo están tus rebaños
    B.   Las intenciones de tus enemigos
    C.   El estado de tus soldados
    D.   Lo que tienes en tus graneros
    E.   Los nombres de tus concubinas

19. «_____ es el gobernante malvado que oprime a los pobres.» (Elige dos de las siguientes frases.)

    A.   Una serpiente venenosa
    B.   Un oso hambriento
    C.   Un leopardo hambriento
    D.   Un león rugiente
    E.   Un lobo famélico
    F.   Un tierno gatito

20. «_____, que no tienen rey, pero que avanzan en formación perfecta»

A. Las hormigas
B. Las langostas
C. Los ejércitos
D. Las gotas de lluvia
E. Las bandas de desfiles

¡Ahora sí que debes sentirte bastante sabio! No es cosa pequeña conquistar los Proverbios, así que Salomón dice que puedes mirar las respuestas en la página 87.

Mientras continuamos con Salomón, es de público conocimiento que el rey era muy popular con las mujeres. En realidad, en su apogeo tuvo setecientas reinas mujeres y trescientas concubinas (1 Reyes 11:3).

Por ello, debe haber tenido una larga lista de «frases para romper el hielo», y probablemente utilizaba algunas de las

LAS DIEZ MEJORES FRASES DEL ANTIGUO TESTAMENTO

10. «Eh, ¿Estás usando una hoja de higuera nueva?
9. «¿Quieres escuchar acerca de cuando mis hermanos me arrojaron a la cisterna?
8. «Pero, ¿dónde has estado los primeros doscientos años de mi vida?
7. «Me encantaría mostrarte los alrededores de Sodoma.»
6. «Con que tú eres amorreo. ¡Hubiera jurado que eras heteo!»
5. «¡Guau, un ángel!»
4. «Ya tengo más de quinientos, ¡pero todavía puedo bailar como un niño de tres años!
3. «¿Dirías que alguien ha estado ofreciendo un sacrificio?»
2. «Esto de estar dando vueltas me está cansando. Soplemos este desierto.»
1. ¿Cuál es tu mandamiento favorito?

Y ahora, otra vez, nuestro pequeño hombre, Zaqueo. (Aplausos)

«Damas y caballeros, he vuelto. He olvidado mencionar que antes de ser recolector de impuestos, fui peluquero. Pero dejé mi trabajo porque me cansé de que me dijesen «el pequeño barbero». Pero seriamente amigos, esto de ser pequeño tiene algunas ventajas. Por ejemplo, ¡¡he ganado campeonatos de limbo sin siquiera agacharme!!

Han sido una gran audiencia. Los dejo ahora con un buen amigo mío, la primera persona que botó a la basura su teléfono "mar a tierra" cuando vio que no había más tierra... ¡Noé!»

(Más aplausos)

«¡Gracias Zaq! Qué buen muchacho, Zaqueo. Qué bueno que no haya estado durante el diluvio. ¡Se hubiese ahogado en el primer charco de barro! Bueno, antes de que me vaya fuera de borda, nos encontraremos en el próximo capítulo.»

No todo lo que flota es bote
Páginas 47-48

1. Verdadero (Gn 6:6-7)
2. Verdadero (Gn 6:14)
3. Falso (Gn 6:15)
4. Falso (Gn 5:26-31) (Matusalén era el abuelo de Noé)
5. Falso (Gn 6:21)
6. Verdadero (Gn 7:2)
7. Verdadero (Gn 7:6)
8. Falso (Gn 7:13)
9. Verdadero (Gn 7:24)
10. Falso (OK, puede ser)
11. Falso (Gn 7:16)
12. Falso (Gn 8:4)
13. Verdadero (Gn 8:8-9)
14. Falso (Gn 8:20)
15. Verdadero (Gn 9:11-17)

Cómo obtener tu maestría
Páginas 50-54

1. B (Lc 2:41-50)
2. A (Mr 8:1-9)
3. D (Jn 1:1)
4. A (Jn 20:11-18)
5. C (Mt 4:18-20)
6. C (Mt 8:5-10)
7. B (Lc 4:16-21)
8. D (Mr 9:34)
9. A (Lc 23:46)
10. A (Jn 4:9)
11. C (Mr 3:17)

12. B (Mt 8:1-4)
13. D (Mt 16:13-17)
14. B (Lc 10:29-33)
15. A (Lc 24:13)

Ida y vuelta
Páginas 55-56

1. Jairo (Lc 8:41-56)
2. La sunamita (2 R 4:17-37)
3. Eutico (Hch 20:9-10)
4. Lázaro (Jn 11:1-44)
5. Samuel (1 S 28:7-21)
6. Tabita (o Dorcas) (Hch 9:36-41)
7. Féretro (Lc 7:11-16)
8. Elías (1 R 17:17-24)
9. «Muchos santos que habían muerto» (Mt 27:51-53)
10. Eliseo (2 R 13:20-21)

¿Dónde has estado, amigo?
Páginas 58-59

1. G. Filistea (Jue 14:1-4)
2. I. Belén (Rt 1:1, 19)
3. Q. Oriente (Mt 2:1)
4. F. Tiro (2 S 5:11)
5. K. Listra (Hch 16:1)
6. C. Nínive (Jon 1:1-2; 3:1-6) (Se dice que cuando alguien le preguntaba a Jonás adónde iba él respondía: «¡No me importa decirte!»)
7. L. Sodoma (Gn 13:12)
8. B. Ciudad Gótica (Nota: Una vez Batman y Robin investigaban el robo de algunas biblias en una

librería cristiana en Ciudad Gótica. Cuando las encontraron, Robin abrió las cajas y exclamó: ¡Santos libros, Batman!)

9. M. Susa (Est 2:8)
10. N. Israel (2 S 5:1-3)
11. P. Persia (2 Cr 36:22-23)
12. A. El desierto (Nm 32:13)
13. O. Guerar (Gn 26:6, 17)
14. H. Río Quebar (Ez 1:1-3)
15. E. Mar de Galilea (Mr 1:16)
16. J. Honolee (Pedro, Pablo y María)
17. D. Tarso (Hch 22:3)

Pregunta por puntos extra: A, B y C son correctas.

Cabalgar por el sermón
Páginas 60-62

1. I. (Mt 5:3, 5)
2. C. (Mt 5:9)
3. I. (Mt 5:13)
4. I. (Mt.5:19)
5. C. (Mt 5:20)
6. I. (Nuestras madres)
7. C. (Mt 5:28)
8. C. (Mt 5:39)
9. I. (Mt 5:42)
10. I. (Mt 6:5-6)
11. C. (Mt 6:17-18)
12. I. (Mt 6:21)
13. I. (Mt 6:28-29)
14. C. (Mt 7:3)
15. C. (Mt 7:11)

16. I. (Mt 7:12)
17. I. (Mt 7:15-16)
18. C. (Mt 7:18)
19. I. (Mt 7:21-23)
20. I. (Mt 7:26-27)

¡Al diablo!
Páginas 63-66

1. D. (1 C. 21:1)
2. B. (Jud 9)
3. B. (Mr 4:15)
4. C. (Job 1:9-10)
5. A. (Jn 13:2)
6. D. (2 Co 11:14)
7. A. (Mt 4:8)
8. C. (Mr 3:22)
9. B. (1 P 5:8)
10. A, D. (Jn 8:44)
11. B. (Ap 20:10)
12. D. (Ap 9:11; 2 Co 6:15)

Se trata de una vida
Páginas 69-70

1. I. (Jue 4:4)
2. G. (Gn 4:2)
3. J. (Hch 12:13)
4. B. (Gn 10:8-9)
5. K. (Mt 10:3)
6. M. (Neh 12:25)
7. O. (Jn 18:40)

8. P. (Mt 4:21)
9. R. (Est 3:1)
10. N. (Jos 2:1)
11. D. (Hch 24:1)
12. C. (Col 4:14)
13. F.
14. A. (Gn 13:5-11)
15. Q. (Nm 13:1-6)
16. E. (Hch 18:2-3)
17. H. (2 S 11:6-7)
18. L. (Lc 16:19-31)

Tócala de nuevo, Sansón
Páginas 71-72

1. Falso (Jue 13:1)
2. Verdadero (Jue 13:3-5)
3. Verdadero (Jue 13:2-3)
4. Falso (Jue 13:2)
5. Verdadero (Jue 13:14)
6. Verdadero (Jue 13:22)
7. Falso (Jue 14:6)
8. Falso (Jue 14:8)
9. Falso (Jue 15:1-2, 6)
10. Verdadero (Jue 15:4-5)
11. Verdadero (Jue 15:18-19)
12. Falso (Jue 16:1)
13. Verdadero (Jue 16:5)
14. Verdadero (Jue 16:11)
15. Falso (Jue 16:21)
16. Falso (Jue 16:26)
17. Verdadero (Jue 16:30)
18. Verdadero (Jue 16:30)

Salomón dice
Páginas 73-78

1. B. (Pr 1:7)
2. D. (Pr 1:20)
3. A. (Pr 2:16-19)
4. A, B, C. (Pr 3:5-6)
5. C. (Pr 3:27)
6. B. (Pr 5:15)
7. A. (Pr 6:6)
8. D. (Pr 8:36)
9. D. (Pr 10:31)
10. C. (Pr 11:22)
11. B. (Pr 14:12)
12. A. (Pr 16:18)
13. B. (Pr 18:19)
14. D. (Pr 20:29)
15. C. (Pr 22:2)
16. C. (Pr 24:17)
17. D. (Pr 25:11)
18. A. (Pr 27:23)
19. B, D. (Pr 28:15)
20. B. (Pr 30:27)

3

COMENZANDO A TRANSPIRAR

Pues no hay manera más fácil de transpirar que subiendo la temperatura. Por eso, comencemos con:

¡¡FUEGO!!

Todas las frases tienen que ver con el fuego. ¿Puedes unirlas con las personas?

___ 1. Dos de sus hijos murieron cuando su sacrificio se quemó.

___ 2. El fuego del Señor los consumió por su queja.

___ 3. Su clamor a Dios produjo fuego del cielo que consumió un sacrificio y derrotó a los profetas de Baal.

___ 4. A este líder, Dios le proveyó de una columna de fuego para que el pueblo pudiese viajar de noche.

___ 5. Su ciudad fue destruida por azufre ardiente que cayó del cielo.

___ 6. Vio a Elías ser llevado en una carroza de fuego.

___ 7. Un ángel les habló y luego ascendió al cielo en la llama de un sacrificio.

___ 8. Un serafín tocó la boca de este profeta con un carbón encendido.

___ 9. Guardaban la entrada al Edén con espadas ardientes luego de que Adán y Eva fueran echados al campo.

___ 10. Mientras él miraba, un ángel del Señor produjo fuego, el cual consumió carne y pan.

___ 11. En su visión había un trono ardiente y un torrente de fuego que fluía delante de él.

____ 12. La indiferencia de este líder trajo a su pueblo granizo, truenos y rayos.

____ 13. El hizo poner a Sadrac, Mesac y Abednego en un horno ardiente cuando se negaron a adorar a la imagen.

____ 14. Este autor del Nuevo Testamento compara a la lengua con fuego.

____ 15. Pedro explicó que el fuego del Espíritu Santo en Pentecostés había sido predicho por este profeta.

____ 16. Ha sido culpada de comenzar el gran fuego de Chicago en 1871.

A. Nabucodonosor

B. Eliseo

C. Isaías

D. La vaca de la Sra. O´Leary

E. Gedeón

F. Aarón

G. Joel

H. Daniel

I. Elías

J. Algunos israelitas

K. Santiago

L. Manoa y su esposa (padres de Sansón)

M. Faraón

N. Moisés

O. La familia de Lot

P. Querubines

¡Ey!, que bueno que esto ha terminado Estaba saliendo humo de mi computadora. Es hora de ver cómo lo has hecho. (Por lo menos ya estás entrando en calor.) Busca en la página 120 para las respuestas infernales.

Veamos cuánto sabes acerca de la primera familia de la Biblia.

LA FAMILIA DE ADÁN

(Verdadero/Falso)

___ 1. Inmediatamente después de crear a Adán, Dios creó el ganado y las bestias.

___ 2. Adan fue formado del polvo de la tierra.

___ 3. El río que regaba al Edén finalmente terminaba en las aguas principales de los ríos Tigris y Éufrates.

___ 4. Eva fue creada mientras Adán nombraba a los animales.

___ 5. El Señor ordenó a Adán y Eva que no comiesen del árbol de la ciencia del bien y del Mal

___ 6. La serpiente advirtió a Eva que si comía del fruto prohibido, eso resultaría en la ira de Dios.

___ 7. El primer resultado de la desobediencia de Adán y Eva fue que reconocieron que estaban desnudos.

___ 8. Adán puso a su mujer el nombre de **Eva** porque ella lo llevó al pecado.

___ 9. Parte de la maldición sobre la humanidad por haber comido del fruto prohibido fue el dolor de parto y la dificultad para cultivar la tierra.

___ 10. Lo último que hizo Dios por Adán y Eva antes de echarlos del huerto del Edén fue prepararles ropas.

___ 11. La familia de Adán y Eva consistía en ellos y sus dos hijos, llamados Caín y Abel.

___ 12. Luego de que Dios mostrara favor por la ofrenda de Caín en vez de la suya, Abel asesinó a su hermano.

___ 13. A pesar de que se había cometido un asesinato, Dios aún proveyó de cierta protección al culpable.

___ 14. Adán y Eva tuvieron un nieto llamado Set.

___ 15. Adán vivió bastante más de novecientos años, pero no se menciona la muerte de Eva.

___ 16. El juicio final sobre la familia de Adán fue la destrucción de la casita del árbol, que Caín y Abel habían construido en el árbol de la ciencia del bien y del Mal

Bueno, si no conocías a estas personas, entonces tu árbol de ciencia no había sido regado lo suficiente. Las manzanas de sabiduría a las que yo llamo respuestas, están en la página 120.

Sería aproplado que cerráramos este cuestionario con una pequeña canción acerca de la familia de Adán. Usa la música del viejo programa Los Locos Addams, y no olvides el chasquido de dedos entre cada estrofa.

Ta da da da (chasquido de dedos)
Ta da da da (chasquido de dedos)

La tierra ya creada
Cada día giraba
Desde el comienzo estaba
La familia de Adán
Ta da da da (etc., etc.)

Del polvo él fue formado
Ella de su costado
Muy juntos lado a lado
La familia de Adán
Ta da da da (etc., etc.)

Un sitio incomparable
Del cual fueron echados
Por su grave pecado
La familia de Adán
Ta da da da (etc., etc.)

De dos hijitos uno
Ha matado a su compadre
«Se parece a la madre»
Nos dice el mismo Adán
Ta da da da (etc., etc.)

No muestran caridad
En el camino a andar hay
 disfuncionalidad
La familia de Adán
Ta da da da (etc., etc.)

Y al terminar mi canto
Si a alguno he ofendido
Yo soy un descendido
De la familia de Adán
Ta da da da (etc., etc.)

SI LO CONSTRUIMOS... ¡ELLOS VENDRÁN! PROYECTOS DE CONSTRUCCIÓN EN LA BIBLIA

Advertencia: Desde casas hasta ampliaciones en iglesias, los proyectos de construcción son conocidos por producir desde heridas hasta divorcios, y aún guerras nucleares. ¡Nunca debemos tomarlos a la ligera!

Veamos cuántos de los siguientes proyectos de construcción bíblicos puedes identificar.

1. _____ construyó la ciudad de Nínive.

2. En la parábola de Jesús, el hombre rico quería derribar sus _____ para construir otros más grandes.

3. El rey Salomón pasó trece años construyendo _____.

4. Los hombres de Rubén, Gad y la media tribu de Manasés construyeron un enorme _____ a orillas del Jordán, lo que casi lleva a una guerra civil.

5. En la transfiguración de Jesús, Pedro quería construir tres _____ en la montaña.

6. Dios le prohibió al _____ construir un templo.

7. Proverbios 9 dice que la sabiduría edificó su _____.

8. El proyecto de construcción de Nehemías era la reconstrucción del _____.

9. Jesús dijo metafóricamente que él podía reconstruir el
_____ en tres días:

10. Antes de la construcción de _____
toda la tierra tenía un mismo lenguaje.

11. El ejército de Troya construyó un gran _____, y
se escondió dentro de él.

12. El profeta _____ reprendió al pueblo por
construirse casas hermosas mientras que el templo estaba en ruinas.

13. El rey _____ fortificó a Siquén en la tierra de
Efraín. (¡Si aciertas esta sin buscarla eres realmente un
erudito bíblico!)

14. El primer gran templo de Jerusalén fue construido bajo el
reinado de _____.

15. Cuando Moisés estaba en el Monte Sinaí, Dios le ordenó la
construcción del _____.

Todo esto de la construcción me ha comenzado a cansar. ¡Por
supuesto que escuchar a mi vieja cinta de los Carpenters tampoco
ayuda mucho! Vayamos a la página 121 para ver si podemos construir nuestras respuestas.

Por supuesto no mencioné algunos proyectos por diversas razones. Así que como extra, te dejo una lista de:

LAS DIEZ MEJORES «CONSTRUCCIONES» QUE NO SE ENCUENTRAN EN LA BIBLIA

10. El estadio de los Yankees.
9. El Taj Mahal.
8. Las Torres Trump.
7. El Shopping de América.
6. El Big Ben.
5. La torre Eiffel.
4. El parque 3-Com.
3. La torre de Pisa.
2. El castillo de Cenicienta en Disneylandia.
1. Alcatraz.

LOS DIOSES FALSOS HACEN QUE LAS MANOS IDÓLATRAS SE PONGAN A TRABAJAR

Las siguientes preguntas incluyen ídolos y dioses paganos encontrados en las Escrituras. Aquí tienes tu lista para utilizar:

Diana	Dagón	Tor
Quemós	Anakin	Susa
Un becerro de oro	Zeus	Billy Idol
Astarté	Acaz	Los ídolos de Micaza
Baal	Moloc	Elmo
Cúbito	Venus	Sucot Benot

(Advertencia: Aunque todas las respuestas correctas se encuentran en esta lista, una de ellas deberá ser usada dos veces. Puede ser que aparezcan algunos nombres «extra» que provienen de otras fuentes, o que han sido inventados por quien tú sabes. ¡Éxitos!)

1. Quienes adoraban a este dios probablemente también adoraban a la luna, las estrellas y las constelaciones.
   Respuesta: _____

2. Aarón le construyó un altar y dijo «Mañana haremos fiesta en honor del Señor».
   Respuesta: _____

3. Cuando los hijos de Dan reconstruyeron su ciudad, utilizaron a éstos como sus dioses.
   Respuesta: _____

4. Este ídolo filisteo cayó cuando estuvo en el mismo lugar del arca del pacto.
   Respuesta: _____

5. Este dios era asociado con fuego, y le eran sacrificados niños.
   Respuesta: _____

6. Luego de ver un hombre lisiado sanado, algunos de Listra llamaban a Bernabé con este nombre.
   Respuesta: _____

7. Jefté el galaadita reconoció que este era el dios de los amorreos.
   Respuesta: _____

8. Salomón en su vejez adoró a esta diosa de los sidonios.
   Respuesta: _____

9. Este ídolo cantaba «Ojos sin rostro»
   Respuesta: _____

10. Este fue un dios babilonio, colocado en el lugar más alto de Samaria.
    Respuesta: _____

11. El Señor mandó a Gedeón que destruyese el altar de este dios, y la imagen que se encontraba a su lado.
    Respuesta: _____

12. Este rey sacrificó a su hijo para un dios pagano.
    Respuesta: _____

13. No es ni un ídolo, ni un dios, sino un gran conductor de naves espaciales
    Respuesta: _____

Suficiente para esta charla pagana. Veamos las soluciones en la página 121.

REY, SACERDOTE, PROFETA O JUEZ

Bueno, esto será bastante simple. Estas son las cuatro posibilidades para que elijas. Te doy los nombres y tú decides cuál de estos oficios pertenecía a la persona. Como siempre, la última palabra se encuentra en la Biblia.

Nota del autor: Podría suceder ocasionalmente que alguna persona pueda encajar en más de una categoría. Por ejemplo, las referencias bíblicas para Jesús podrían ubicarlo bajo todas las categorías. (Por eso no está incluido en la lista.) Sin embargo, si ves dos espacios debajo de cada nombre, eso significa que la Biblia es clara en mencionar que ocuparon los dos oficios. Si tienes dudas, decídete por el oficio por el que la persona es más conocida.

Si encuentras referencias para sustentar una respuesta que no concuerda con la mía, consentiré contigo. ¡Solo ten en mente que yo haré lo mismo cuando lea TU libro! Sugiero que comencemos.

1. Samuel

_____

2. Débora

_____

3. Acab

_____

4. Ananías

_____

5. Moisés

_____

6. Tola

_____

7. Aarón

_____

8. Saúl

_____

9. Elí

_____

10. Isaías

_____

11. Judy

_____

12. Juan el Bautista

_____

13. Ezequías	18. Sansón
14. Hiram	19. Elías
15. Gedeón	20. Nabucodonosor
16. Jesúa	21. Enoc
17. Melquisedec	22. Kong

Veamos si podemos descubrir... LA VERDAD. Te profetizo que las respuestas se encuentran en la página 122.

Ahora es tiempo de...

DEJAR LA BEBIDA

Si, ya habrás adivinado, el siguiente ejercicio tiene al vino como elemento común en todas las preguntas. Por ello, toma cada una de ellas lenta y metódicamente. Pruébalas suavemente, y luego di: «Hmmm, estas preguntas parecen formar una proposición sin ser presuntuosas».
Luego de haber mostrado que obviamente eres muy **chic** ve si puedes contestar correctamente al menos un par de ellas.

1. ¿Cuál dijo Jesús que sería el resultado de poner vino nuevo en odres viejos?

    A. Los odres viejos destruirían el sabor del vino
    B. Los odres viejos no permitirían que el vino nuevo fermentara apropiadamente
    C. Los odres viejos envenenarían el vino
    D. Los odres viejos se romperían
    E. No recuperarías tu depósito del 10% sobre los odres viejos

2. La abstinencia del vino, del vinagre de vino y del fruto de la vida eran parte de:

    A. Lo que Dios pidió a Moisés
    B. El voto nazareo
    C. Las sugerencias de Pablo para los diáconos de las iglesias
    D. El proceso de santificación de Aarón para los levitas

3. Este profeta prometió una fiesta para el pueblo en la que habría «selectos vinos añejos».

A. Jeremías
B. Isaías
C. Daniel
D. Ezequiel

4. José interpretó el sueño de este hombre, en el que exprimía las uvas y servía el vino al Faraón.

    A. El copero
    B. El panadero
    C. El carnicero
    D. Potifar

5. Proverbios 23 dice que lo último que el vino hace es:

    A. Destruir al que lo bebe
    B. Aguijonear como un escorpión
    C. Envenenar como una víbora
    D. Seducir como ramera
    E. Ponerte bajo arresto por alcoholemia

6. ¿Dónde estaba Jesús cuando convirtió agua en vino?

    A. En la celebración de la Pascua
    B. En el aposento alto, en la última cena
    C. En una boda
    D. En un funeral

7. El exceso de Noé con el vino y la conducta vergonzosa de su hijo resultó en una maldición para los descendientes de:

    A. Canaán
    B. Cam
    C. Sem
    D. Tubal

8. Pablo le aconsejó utilizar un poco de vino para su estómago y sus frecuentes enfermedades a:

A. Lucas
B. Silas
C. Bernabé
D. Timoteo
E. César

9. Cuando el rey Asuero organizó una fiesta en Susa, ¿cuál de las siguientes frases refleja mejor el uso del vino real?

A. Solo el rey y sus invitados de honor podían beberlo
B. Cada invitado podía beber en la forma y cantidad que deseaba
C. Negarse a tomar del vino real era penado con muerte
D. Solo se prohibía a las mujeres y eunucos beberlo
E. Había que pagar por cada consumición

10. Oseas dice que el vino:

A. Hace perder la razón del pueblo
B. Se convierte en la trampa de Baal
C. Se burla del alma
D. Altera el espíritu

11. ¿Quién fue acusado de estar ebrio?

A. Los judíos que habían creado un becerro de oro como ídolo mientras Moisés estaba en la montaña
B. Pablo, cuando predicó en el Areópago en Atenas
C. Los apóstoles en el día de Pentecostés
D. Pedro, cuando le cortó la oreja a Malco en Getsemaní
E. La serpiente, cuando engañó a Eva

12. Según el salmo 75, ¿cuáles de las siguientes frases son verdaderas acerca del vino simbólico del Señor? (Dos respuestas correctas)

    A. Es hecho con uvas del cielo
    B. Es espumante
    C. Solo los justos lo gustarán
    D. Es mezclado con especias
    E. No debe ser servido con carne de cerdo

13. Cuando Jesús y sus discípulos compartieron el vino en la última cena, dijo que no volvería a beber de él hasta:

    A. Que volvieran a encontrarse en el aposento alto luego de su resurrección
    B. Que Pedro le hubiese negado tres veces
    C. Que hubiera terminado de orar en el Monte de los Olivos
    D. Que lo bebieran nuevamente en el reino de su Padre

14. Isaías invita a todos a un lugar en el que pueden comprarse sin dinero vino y.

    A. Leche
    B. Pan
    C. Queso
    D. Carne
    E. Doritos

15. ¿Qué imagen de Apocalipsis se relaciona con el vino?

    A. La bestia
    B. La gran prostituta
    C. El cordero
    D. El falso profeta

E.   El aniversario de bodas de Juan

16. ¿Quién utilizó vino como desinfectante para ayudar a un hombre herido?

   A.   Eliseo, luego de que un hombre fuese herido con la cabeza de un hacha mientras talaban árboles
   B.   Un samaritano, ayudando a un hombre que había sido robado y golpeado
   C.   El siervo de Saúl, cuando éste fue herido de flecha
   D.   Lucas, asistiendo a Pablo luego de que fuera apedreado en Listra
   E.   David, tratando de limpiar la cabeza herida de Goliat

17. Según Números 15, una ofrenda de vino debía ser incluida en cada uno de los siguientes sacrificios, excepto en:

   A.   El cordero o cabrito
   B.   El novillo
   C.   La tórtola
   D.   El carnero

18. Dios le dijo a Jeremías que cada _____ debía ser llenado de vino.

   A.   Barril
   B.   Cántaro
   C.   Termo
   D.   Odre
   E.   Marinero

No daré las respuestas acerca de las preguntas sobre el vino hasta que sea el tiempo adecuado... Está bien... ¡es el tiempo! Brindemos por las respuestas en la página 123.

A LA HACIENDA, AMIGO

La Biblia utiliza bastantes términos de agricultura tanto de forma literal como figurativa. Así que enciende tu tractor alegórico, prepara tu arado y responde estas preguntas de verdadero / falso.

____ 1. Parte de los detalles adicionales de la ley dada a Moisés, luego de que había roto las primeras tablas, incluía un día de reposo aún durante la temporada de siembra y tiempo de siega.

____ 2. En 2 Corintios, Pablo se refiere a Dios no solo como el que provee de semilla al sembrador, sino como el que también le da el pan para su sustento.

____ 3. Amós habla de ataques de langostas ocurridos inmediatamente después de la siembra del rey.

____ 4. Santiago criticaba a los ricos por robar ganado que pertenecía a granjeros pobres.

____ 5. Rut fue a un campo que pertenecía a Booz y trabajó mucho para ayudarle mientras sus obreros sembraban cebada.

____ 6. El primer capítulo de Joel comenta acerca de una destrucción de la cosecha, tanto por las langostas como por una sequía severa.

____ 7. En Isaías 5 el profeta compara a Israel con el jardín de Dios, y al pueblo con las flores de Dios.

____ 8. En su segunda carta a Timoteo, Pablo dice que el dueño de la tierra siempre participa del fruto antes que el labrador.

___ 9. El rey David auspició el primer concierto a favor de las granjas, que presentaba a la banda «Tierra, Viento, Fuego y Azufre».

___ 10. Si el ganado de un hombre caía en el campo de otro hombre, la ley judía requería de una restitución de parte del dueño del campo con lo mejor de su ganado y de su viña.

___ 11. Pablo dijo que la esperanza de compartir la cosecha debía ser común al sembrador y al segador.

___ 12. José reveló a sus hermanos un sueño, en el cual se veía que los manojos de grano de ellos se postraban delante del suyo.

___ 13. Pablo dijo a los corintios que Jesucristo había plantado semillas que Pablo había regado, pero que el crecimiento solamente venía por la fe.

___ 14. Jesús les dijo a sus discípulos que los enviaba para recoger aquello por lo que no habían trabajado.

___ 15. Según Proverbios, la esposa virtuosa no solo compra la heredad sino que también planta viña.

___ 16. El clamor de Jeremías: «Exterminen al que siembra... y al que maneja la hoz en la cosecha» era parte de su anuncio de juicio contra Persia.

___ 17. Según la ley del Antiguo Testamento, si un hombre había plantado una viña y aún no había comido de su fruto, podía ser excusado del servicio militar.

___ 18. Según Hageo, la ira de Dios por la situación en la que estaba el templo, sin restaurar, había llevado a una inundación. Ésta había destruido la mayor parte de las cosechas del remanente de judíos en Jerusalén.

___ 19. La tarea original de Adán en el Edén era labrar y cuidar del jardín.

___ 20. Jesús dijo que la más pequeña de las semillas en la tierra es la semilla de mostaza, y que la hierba que sale de ella también es muy pequeña.

___ 21. En la visión de la gran ramera, en Apocalipsis, ella estaba conduciendo un gran tractor John Deere, y perseguía a 144.000 judíos en un campo de granos.

Y ahora, como veo que eres un lector excepcional en tu campo... veré si ya han brotado las respuestas (sino les pondré un poco más de fertilizante). Cosechemos las respuestas, el granero está en la página 123.

PEDRO TIENE UNA SEGUNDA VISIÓN PROFÉTICA

Y hablando de empresas (que era lo que yo estaba haciendo, por si no te habías dado cuenta), ¿Sabes cuáles eran las acciones que más se vendían en la Biblia? Míralas en la lista de las

LAS DIEZ PRIMERAS ACCIONES EN LA BOLSA DEL ANTIGUO TESTAMENTO

10. Reebooz
9. Judá Online
8. Esterox
7. Exxodo
6. Chase-Manasés Bank
5. Miqueasoft
4. General Eclesiastés
3. I. B. M (Israel Banco Mercantil)
2. Sansónite
1. MSN (Miqueas Sofonías Nahum)

NUESTRA CIUDAD

¡Oh, sí! No hay nada como esos lugares familiares, sonidos amigables y aromas trascendentes que nos llevan nuevamente a esos lugares amados que albergan nuestros recuerdos más felices. (Bueno, supongo que si hubo fuego y azufre en ellos no deben ser muy felices.)

Tu misión es elegir cuál de las siguientes ciudades y pueblos se describen abajo. Utiliza esta lista:

Tiro	Endor	Sidón
Betania	Gomorra	Nazaret
Roma	Jerusalén	Silo
Hai	Gaza	Éfeso
Filipos	Nínive	Jope
Jericó	Atenas	Hebrón
Damasco	Caná	Belén
Antioquía	Atlantis	

Cada una de estas será utilizada solo una vez. ¡Buena suerte!

1. Mi ciudad probable tenía su cuota de adivinos y agoreros, y una noche el rey Saúl fue a visitar a una de ellas.
   Respuesta: _____

2. Jesús vino a esta ciudad para ver a sus amigos Lázaro, María y Marta. Una vez, hasta resucitó a Lázaro.
   Respuesta: _____

3. Se trataba de un área difícil donde la gente hacía cosas desagradables. Este lugar fue destruido con azufre y fuego del cielo.
   Respuesta: _____

4. Teníamos una pequeña gran ciudad con murallas gruesas. En ella una ramera local ayudó a la conquista por parte de los israelitas.
   Respuesta: _____

5. Mientras Pablo se encontraba en esta zona, hasta su ropa tenía poderes sanadores. Como resultado de esto, muchos de los hechiceros locales se arrepintieron y quemaron sus libros de magia.
   Respuesta: _____

6. Nuestra ciudad fue víctima de las emboscadas de Josué, y sus 12.000 habitantes fueron muertos en un día.
   Respuesta: _____

7. Primera ciudad de Macedonia. Aquí, Pablo y Silas fueron azotados y echados en prisión. Luego, hubo un terremoto.
   Respuesta: _____

8. Nuestra ciudad originariamente se llamaba Errata, y es conocida por varias razones: Raquel fue enterrada aquí, Rut y Noemí volvieron a vivir aquí, somos la ciudad natal del rey David... y la lista sigue aún.
   Respuesta: _____

9. En mi ciudad, Pablo encontró muchos ídolos. Habló a los epicúreos y estoicos acerca del cristianismo.
   Respuesta: _____

10. Éramos instrumentos para proveer materiales para el templo de Salomón. Los siervos de nuestro rey cortaban cedro y ciprés en el Líbano para mandarlos a través del Mar Mediterráneo.
    Respuesta: _____

11. Pedro era nuestro huésped en esta localidad costera cuando tuvo la visión del lienzo que descendía del cielo lleno de animales.
Respuesta: _____

12. Nuestro lugar es más conocido como la cueva de Macuela, donde fueron enterrados Abraham y Sara.
Respuesta: _____

13. Aunque nuestra historia fue de enemigos de Israel, Jesús igualmente nos visitó, y sanó a la hija de una mujer que estaba poseída por un demonio.
Respuesta: _____

14. Nuestra gran ciudad era la capital del imperio Asirio, y se asocia con por lo menos una historia «marina».
Respuesta: _____

15. Nuestra ciudad siria fue el hogar de la primera iglesia con membresía gentil.
Respuesta: _____

16. Mi ciudad tiene una historia fascinante. Originalmente se denominaba Salem, pero también se la conoce como «Sion» o «La ciudad santa».
Respuesta: _____

17. Se nos conoce por una boda en la que Jesús como invitado realizó su primer milagro: Convirtió agua en vino.
Respuesta: _____

18. Sansón una vez quitó nuestras puertas de sus quiciales (¡Con sus postes!) y las cargó hasta la cima de una montaña.
Respuesta: _____

19. Pablo conoció a Aquila y Priscila en Corinto. Ellos eran judíos que habían dejado mi ciudad cuando Claudio había decretado que todos los judíos debían salir de ella.
Respuesta: _____

20. Mientras danzaban en una celebración, varias de nuestras hijas fueron raptadas para ser esposas de los hombres de la tribu de Benjamín.
Respuesta: _____

21. Natanael preguntó a su amigo Felipe, el discípulo, si algo bueno podía venir de mi ciudad.
Respuesta: _____

22. Saulo estaba de camino a esta ciudad cuando vio una luz brillante desde el cielo y fue enceguecido temporariamente.
Respuesta: _____

23. ¡Mi ciudad fue enterrada bajo el Atlántico y aún la siguen buscando!
Respuesta: _____

Si has encontrado todas las ciudades correctas, entonces te llevaré a mis próximas vacaciones. Veamos cuán bien lo has hecho. Ve a la página 124 por las respuestas.

¿UN ZOOLÓGICO EN LA BIBLIA?

Las siguientes preguntas se relacionan con animales que aparecen en la Biblia. La verdad es que algunos de ellos no podrían estar en un zoológico. Por supuesto que los de la Biblia, deben estar obviamente MUERTOS ahora. ¿Y quién en su cabal juicio querría ir a un zoológico para ver un grupo de animales muertos?

Ve si puedes nombrar a estar criaturas en los siguientes versículos.

(Nota: Los animales pueden ser reptiles o roedores. También te daré la referencia bíblica con la pregunta, ya que puede dirigir a tu mente en la dirección correcta).

1. «Jugará el niño de pecho junto a la cueva de la
    _____.» (Ref: Is 11:8)

2. «Cada tres años, la flota comercial que el rey tenía en el mar, junto con la flota de Hiram, regresaba de Tarsis trayendo oro, plata y marfil, _____ y _____.» (Ref: 1 R 10:22)

3. «La convertiré en lugar de _____, en charco de agua estancada, la barreré con la escoba de la destrucción, afirma el Señor Todopoderoso.» (Ref: Is 14:23)

4. «Los demonios le rogaron a Jesús: —Si nos expulsas, mándanos a la manada de _____.» (Mt 8:31)

5. (¡Otra vez yo!) Esta parece ser otra pregunta con dos partes, y aunque parece obvio, puede ayudarte saber que la identidad actual de estos dos animales permanece desconocida) «Mira a _____, criatura mía igual que tú, que se alimenta de hierba, como los bueyes.» «¿Puedes pescar a _____ con un anzuelo, o atarle la lengua con una cuerda? (Ref: Job 40:15; 41:1)

6. «Babilonia... quedará como Sodoma y Gomorra cuando Dios las destruyó. Nunca más volverá a ser habitada... Allí descansarán las fieras del desierto; sus casas se llenarán de _____. Allí habitarán los _____ y brincarán las _____ salvajes.» (Ref: Is 13:19-21)

7. «Entre los animales que se arrastran, ustedes considerarán impuros a la comadreja, al ratón, a toda clase de _____» (Ref: Lv 11:29)

8. «Cual _____ jadeante en busca del agua, te busca, oh Dios, todo mi ser.» (Ref: Sal 42:1)

9. «La ropa de Juan estaba hecha de pelo de _____. Llevaba puesto un cinturón de cuero» (Ref: Mt 3:4)

10. «Y vi salir de la boca del dragón, de la boca de la bestia y de la boca del falso profeta tres espíritus malignos que parecían _____.» (Ref: Ap 16:13)

11. «Se llevó los _____ que los reyes de Judá habían consagrado al sol y que se habían puesto en la entrada al templo del Señor» (Ref: 2 R 23:11)

12. «Él le respondió: —No está bien quitarles el pan a los hijos y echárselo a los _____.» (Ref: Mt 15:26)

13. «La bestia parecía un _____, pero tenía patas como de _____ y fauces como de _____. El dragón le confirió a la bestia su poder, su trono y gran autoridad.» (Ref: Ap 13:2)

14. «En aquel día arrojará el hombre a los _____ y _____, a sus ídolos de oro y plata que él fabricó para adorarlos.» (Ref: Is 2:20)

15. «El asalariado no es el pastor, y a él no le pertenecen las ovejas. Cuando ve que el _____ se acerca, abandona las ovejas y huye.» (Ref: Jn 10:12)

16. «Muchos _____ me rodean; fuertes _____ de Basán me cercan. Contra mí abren sus fauces _____ que rugen y desgarran a su presa.» (Ref: Sal 22:12-13)

17. «Mientras reflexionaba yo al respecto, de pronto surgió del oeste un _____, con un cuerno enorme entre los ojos, y cruzó toda la tierra sin tocar siquiera el suelo.» (Ref: Dn 8.5)

18. «Así que fue y cazó trescientas _____, y las ató cola con cola en parejas, y a cada pareja le amarró una antorcha; luego les prendió fuego a las antorchas y (las) soltó por los sembrados de los filisteos.» (Ref: Jue 15:4-5)

19. «... Con este encargo: Vayan a la aldea que tienen enfrente. Tan pronto como entren en ella, encontrarán atado un _____, en el que nunca se ha montado nadie. Desátenlo y tráiganlo acá.» (Ref: Mr 11.2)

20. Ahora que mi sección animal ha terminado, voy a dormir una siesta con Barney, mi mullida _____ morada.

Vayamos a la página 125 por las respuestas.

«¡Hola nuevamente! Aquí Noé te saluda otra vez para terminar el capítulo tres. ¡Qué adecuado es que podamos charlar luego de un juego sobre animales! Después de todo, he podido llegar a conocerlos íntimamente por un tiempo bastante largo, y déjame decirte que no era nada fácil: Las jirafas se quejaban del alto de los techos, las serpientes mordían a los otros animales, los pericos siempre me imitaban... Mirando atrás, no sé cómo no nos hundimos.

¡Gracias a todos, son lo mejor! Y ahora, los dejo con un querido amigo, y un verdadero imán para las chicas: Su majestad, el rey Salomón.»

(Aplauso arrollador, saludo, etc.)

«¡Gracias, Noé! ¡Qué bueno que el diluvio sucediera en tus ideas y no en las mías! Imagíname construyendo un barco suficientemente grande para mis esposas y concubinas. ¡Debería ser un crucero Carnival!

«Eh, rey, ¿qué tal si cerramos con una canción?»

«Seguro, Noé, esperaba que lo pidieras.»

Mis chicas israelitas
(Con la música de California Girls)

Las chicas Israelitas poseen dulzura sin par.
En los oasis, y por el sur en Judá.
Nadie las deja de mirar.
Las muchachas de Jope sonríen con felicidad.
En Tiro y en Sidón bellezas también hay,
Preciosas por aquí y allá.

Mis chicas israelitas todas para mí
(Mis chicas israelitas todas para mí)
Mis chicas israelitas todas para mí

Ahora la ciudad de Jerusalén hermosa está.
Cualquier muchacha que yo vea por acá,
En mi palacio morará.
Mi padre, valeroso soldado, iba a pelear.
Pero yo tengo otra forma de pensar.
¡Prefiero amar y no luchar!

Mis chicas israelitas todas para mí
(Mis chicas israelitas todas para mí)
Mis chicas israelitas todas para mí
(repetir)

COMENZANDO A TRANSPIRAR: RESPUESTAS

¡¡Fuego!!
Páginas 90-91

1. F. (Lv 10:1-2)
2. J. (Nm 11:1-3)
3. I. (1 R 18:19-40)
4. N. (Éx 13:21)
5. O. (Gn 19:12-29)
6. B. (2 R 2:11-12)
7. L. (Jue 13:20)
8. C. (Is 6:6)
9. P. (Gn 3:24)
10. E. (Jue 6:21)
11. H. (Dn 7:9-10)
12. M. (Éx 9:20-26)
13. A. (Dn 3:19-20)
14. K. (Stg 3:6)
15. G. (Hch 2:3-4, 16)
16. D (Muu 1:2, 3 ¡Ja, Ja!)

La familia de Adán
Páginas 92-94

1. Falso (Gn 1:24-26)
2. Verdadero (Gn 2:7)
3. Verdadero (Gn 2:10, 14)
4. Falso (Gn 2:21)
5. Falso (Gn 2:16-17)
6. Falso (Gn 3:1-5)
7. Verdadero (Gn 3:7)
8. Falso (Gn 3:20)
9. Verdadero (Gn 3:16-17)
10. Verdadero (Gn 3:21)
11. Falso (Gn 4:25; 5:4)

12. Falso (Gn 4:8)
13. Verdadero (Gn 4:14-15)
14. Falso. (Gn 4:25)
15. Verdadero (Gn 5:5)
16. Desconocido. Sin embargo los arqueólogos han descubierto un antiguo signo en el área que traducido se lee: «No se permiten mujeres, aunque aún no hayan sido creadas.)

Si lo construimos... ellos vendrán
Páginas 95-96

1. Nimrod (Gn 10:8-12)
2. Graneros (Lc 12:18)
3. Su palacio (1 R 7:1)
4. Altar (Jos 22:10-12)
5. Enramadas/albergues (Mt 17:4)
6. Rey David (2 S 7:1-17)
7. casa (Pr 9:1)
8. Muro de Jerusalén (Neh 3:1 - 6:15)
9. Templo (Jn 2:19-21)
10. La torre de Babel (Gn 11:1-9)
11. Caballo
12. Hageo (Hag 1:1-8)
13. Jeroboam (1 R 12:25)
14. Salomón (1 R 6:1-38)
15. Santuario o Tabernáculo (Éx 25:1-9)

Los dioses falsos hacen que las manos idólatras se pongan a trabajar
Páginas 98-99

1. Baal (2 R 23:5)

2. Un becerro de oro (Éx 32:4-5)
3. Los ídolos de Micaías (Jue 18:30-31)
4. Dagón (1 S 5:1-7)
5. Moloc (Lv 18.21; 2 R 23:10)
6. Zeus (Hch 14:11-13)
7. Quemós (Jue 11:23-24)
8. Astarté (1 R 11:5)
9. Billy Idol
10. Sucot Benot (2 R 17:30)
11. Baal (Jue 6:25)
12. Acaz (2 R 16:3-4)
13. Anakin (Star Wars: La amenaza fantasma)

Rey, sacerdote, profeta o juez
Páginas 100-101

1. Profeta (1 S 3:20) Juez/Gobernador (1 S 7:15)
2. Profetisa (Jue 4:4) Jueza/Gobernadora (Jue 2:18; 4:4-5:31)
3. Rey (1 R 16:29)
4. Sacerdote (Hch 23:2)
5. Profeta (Dt 18:18)
6. Juez/Gobernador (Jue 2:18; 10:1-2)
7. Profeta (Éx 7:1) Sacerdote (Éx 31:10)
8. Rey (1 S 11:15)
9. Sacerdote (1 S 1:9)
10. Profeta (2 R 20:1)
11. Juez, por supuesto.
12. Profeta (Lc 7:26)
13. Rey (2 R 18:1)
14. Rey (1 R 5:1)
15. Juez (Jue 2:18; 6:11-8:32)
16. Sacerdote (Esd 3:2)

17. Rey, Sacerdote (Gn 14:18)
18. Juez/Gobernador (Jue 2:18; 15:1-20)
19. Profeta (1 R 18:22)
20. Rey (2 R 24:1)
21. Profeta (Jue 14-15)
22. Rey

Dejar la bebida
Páginas 100-104

1. D. (Lc 5:37)
2. B. (Nm 6:2-3)
3. B. (Is 25:6)
4. A. (Gn 40:8-13)
5. C. (Pr 23:32)
6. C. (Jn 2:1-11)
7. A. (Gn 9:20-27)
8. D. (1 Ti 5:23)
9. B. (Est 1:7-8)
10. A. (Os 4:11)
11. C. (Hch 2:13)
12. B, D. (Sal 75:8)
13. D. (Mt 26:27-29)
14. A. (Is 55:1)
15. B. (Ap 17:1-2)
16. B. (Lc 10:33-34)
17. C. (Nm 15:4-12)
18. B. (Jer 13:12)

¡A la hacienda, amigo!
Páginas 107-109

1. Verdadero (Éx 34:21)

2. Verdadero (2 Co 9:10)
3. Falso (Am 7:1)
4. Falso (Stg 5:4)
5. Falso (Rt 2:3)
6. Verdadero (Joel 1:1-20)
7. Falso (Is 5:1-2)
8. Falso (2 Ti 2:6)
9. Falso (La banda se había disuelto durante el reino de Saúl)
10. Verdadero (Éx 22:5)
11. Verdadero (1 Co 9:10)
12. Verdadero (Gn 37:7)
13. Falso (1 Co 3:6)
14. Verdadero (Jn 4:38)
15. Verdadero (Pr 31:16)
16. Falso (Jer 50:16)
17. Verdadero (Dt 20:6)
18. Falso (Hag 1:11)
19. Verdadero (Gn 2:15)
20. Falso (Mr 4:31-32)
21. Desconocido (Algunos eruditos sugieren que debe haber sido editado por alguien que tenía muchas acciones en John Deere)

Nuestra ciudad
Páginas 111-114

1. Endor (1 S 28:7-8)
2. Betania (Jn 11:1-44)
3. Gomorra (Gn 19:24-25)
4. Jericó (Jos 2, 6)
5. Éfeso (Hch 19:1-20)
6. Hai (Jos 8:1-29)

7. Filipos (Hch 16:12-40)
8. Belén (Gn 35:19; Rt 1:19; 1 S 16:1-18)
9. Atenas (Hch 17:16-34)
10. Tiro (1 R 5:1-12)
11. Jope (Hch 9:43 - 10:16)
12. Hebrón (Gn 23:19; 25:8-10)
13. Sidón (Jue 1:31, 10:12; Jl 3:4-6; Mr 7:24-30)
14. Nínive (2 R 19:36; Jon 1-3)
15. Antioquía (Hch 11:20-21)
16. Jerusalén (Gn 14:18; Sal 76:2; Mt 4:5)
17. Caná (Jn 2:1-11)
18. Gaza (Jue 16:1-3)
19. Roma (Hch 18:1-2)
20. Siló (Jue 21:16-23)
21. Nazaret (Jn 1:46)
22. Damasco (Hch 9:1-9)
23. Atlantis

Zoológico
Páginas 115-117

1. Cobra
2. Monos, mandriles
3. Erizos
4. Cerdos
5. Behemot, leviatán
6. Búhos, avestruces, cabras
7. Lagartos
8. Ciervo
9. Camello
10. Ranas
11. Caballos
12. Perros

13. Leopardo, oso, león
14. Topos, murciélagos
15. Lobo
16. Toros, leones
17. Macho cabrío
18. Zorras
19. Burrito
20. Tarántula (¿En serio? Pensé que todos tenían uno de estos)

4.

EJERCITANDO (LA MEMORIA)

ASÍ SE HACE, MOI (PRIMERA PARTE)

No es un dato muy conocido que el pueblo de Israel llamaba a su líder Moisés con el apodo «Moi». La verdad es (tengo esta información de fuentes muy confiables) que Moisés detestaba el nombre, pero consideraba que esto era el menor de sus problemas. Las siguientes frases se refieren a los primeros años de la vida de Moisés. Solo debes decidir si son verdaderas o falsas.

___ 1. La generación de José había perecido por completo antes del nacimiento de Moisés.

___ 2. El libro de Éxodo establece que Dios castigó a las parteras egipcias por ayudar a matar a los bebés hebreos, como Faraón se los había encomendado.

___ 3. El nombre de Moisés le fue dado por su madre y significa «puesto en el agua».

___ 4. Moisés huyó a Madián para evitar ser castigado por homicidio.

___ 5. Moisés y Séfora tuvieron una niña llamada Coré.

___ 6. La zarza ardiente fue la primer visita de Dios a Moisés.

___ 7. Dios le dijo a Moisés que su nombre era «YO SOY EL QUE SOY».

___ 8. Como señal de su capacidad para ayudar a Moisés, Dios hizo que su vara se transformara en serpiente, y también hizo que sus pies se tornaran leprosos, y luego los restauró a la normalidad.

___ 9. Séfora también llamaba a Moisés «Moi» para ver si podía hacerle perder los estribos.

___ 10. El Señor quiso matar a Moisés, pero no lo hizo luego de que su esposa circuncidara a su hijo.

___ 11. La primera vez que Moisés se encontró con los líderes de Israel para hablar de la visita de Dios, la reunión terminó en desacuerdo y fracaso.

___ 12. A pesar de que Faraón no fue muy receptivo con el primer pedido de Moisés y Aarón, de alguna manera alivió la carga de trabajo de los israelitas.

___ 13. Moisés tenía sesenta y ocho años, y Aarón tenia setenta y un años cuando fueron a hablar con Faraón.

___ 14. Los magos egipcios no solamente pudieron imitar la conversión de la vara en serpiente, sino también la conversión de agua en sangre.

___ 15. Faraón acordó permitir a los israelitas ir y hacer sacrificios a Dios si Moisés rogaba al Señor que quitara la plaga de ranas.

___ 16. Hasta los magos de Egipto tuvieron úlceras durante la sexta plaga.

___ 17. La séptima plaga, el granizo, destruyó todos los cultivos de Egipto, lo que llevó naturalmente a la octava plaga, el hambre.

___ 18. Dios le dijo a Moisés que la oscuridad que él mandaría sería tan intensa que podría palparse.

_____ 19. Cuando los hijos de Israel dejaron Egipto, solamente lleva-
ban sus animales y pertenencias.

_____ 20. Moisés llevó los huesos de Jacob, para honrar un juramen-
to que Jacob había hecho con los hijos de Israel.

Bueno, parece que pudiste lograrlo. Puedes pasar a mirar las
respuestas en la página 160.

¡YO TENGO ANTIGÜEDAD! (PRIMERA PARTE)

Aunque no estamos realmente muy seguros de la existencia de sindicatos durante los tiempos bíblicos, algunas leyendas dicen que la UTA (Unión de Trabajadores del Arca) le dio a Noé varios problemas en la mesa negociadora. Las UHL/OCI (Unión de Hacheros del Líbano / Organización de Carpinteros de Israel) eran conocidas por ser duras negociadoras cuando Salomón comenzó sus proyectos de construcción.

Los derechos de los hijos mayores (la primogenitura) y las tradiciones acerca de las hijas también son documentados por las historias bíblicas. Por ello, veamos si puedes decidir quién «llegó primero» en esta lista de personajes bíblicos.

¡Haz un importante esfuerzo en esto! Incluye a veinte hombres y mujeres del Antiguo Testamento. Ponlos en orden de quién fue el primero en nacer, el segundo, etc.

Lot	Débora	Samuel	Enoc
Lea	Sansón	Abraham	Caín
Moisés	Isaac	Abel	Saúl
José	Noé	Ruth	Nimrod
Dina	Gedeón	Josué	Matusalén

Tu lista:

1._____   6_____

2_____   7_____

3._____   8_____

4_____   9_____

5_____   10._____

11._____   16._____

12._____   17._____

13._____   18._____

14._____   19._____

15._____   20._____

Si has arreglado estos perfectamente, deberías considerar una carrera como florista. (Tus pimpollos de respuestas se encuentran en la página 160)

Generalmente, cuando leemos acerca de las plagas del antiguo Egipto, no pensamos demasiado literalmente acerca de las posibles implicancias. Hagamos eso ahora con esta lista de:

DIEZ CONSECUENCIAS DE LA CONVERSIÓN DEL AGUA EGIPCIA EN SANGRE

10. Más problemas para las mujeres al separar la ropa blanca de la de color.
9. Se coagulaba al usarla para gárgaras.
8. La Cruz Roja egipcia debió cancelar las campañas para donar sangre.
7. Nuevas especies de peces: Atún rojo, salmón rojo...
6. La frase «sangre azul» adquirió un nuevo significado.
5. Hasta los inocentes ahora tenían manchadas sus manos con sangre.
4. Por ducharse algunos quedaban pelirrojos, o con los ojos colorados.
3. El café ahora tenía una nueva dimensión.
2. Se puso de moda el cabello teñido de caoba.
1. ¡Podías realmente extraer sangre de un nabo!

ARBÓREO

Bueno, esta es mi *hoja* especial. Después de todo, los ejercicios de conocimiento bíblico son mi *rama* de la literatura. Une el árbol con la frase correspondiente.

Aquí va tu lista:

Granado	Sicómoro	Bálsamo
Encina	Roble	Arrayán
Palmera	Cedro	Enebro
Manzano	Olivo	Acacia
Sauce	Higuera	

1. Zaqueo trepó este árbol para ver a Jesús.
   Respuesta: _____

2. Débora lo hacía bajo este tipo de árbol cuando juzgaba a Israel.
   Respuesta: _____

3. La conquista de los filisteos por David incluía instrucciones específicas de Dios acerca de este árbol.
   Respuesta: _____

4. De este árbol aprendemos la lección.
   Respuesta: _____

5. Aparentemente Salomón utilizó grandemente este árbol en su reino. (Pista: Árbol conocido del Líbano)
   Respuesta: _____

6. Gedeón presentó un sacrificio al ángel del Señor debajo de este tipo de árbol.

   Respuesta: _____

7. Elías se sentó debajo de uno de ellos deseando morirse.

   Respuesta: _____

8. La madera de este árbol se utilizó para construir el tabernáculo.

   Respuesta: _____

9. Pablo les decía a los romanos que ellos fueron injertados en este árbol.

   Respuesta: _____

10. Saúl estaba sentado debajo de este árbol cuando su hijo Jonatán y su escudero salieron del campamento para enfrentar a la guarnición filistea.

    Respuesta: _____

11. Cuando Nehemías instruyó al pueblo a construir enramadas para morar mientras escuchaban la lectura de la ley, debían traer ramas de olivo, palmera y...

    Respuesta: _____

12. En el Cantar de los Cantares, la sulamita considera a su amado como este árbol cuando se compara con los «árboles del bosque».

    Respuesta: _____

13. Dios le dijo a Isaías que las ciudades serían destruidas, excepto algunas personas que simbólicamente eran representadas como parte del tronco de la...

    Respuesta: _____

14. Según Isaías 44, el Señor dice que los descendientes de Jacob serán como _____ junto al arroyo.

Respuesta: _____

¿Quieres ver las respuestas? Te invito a la página 161.

PARA TI... DE MI PARTE

Las siguientes preguntas tienen que ver con regalos. Une la persona correspondiente a la descripción de lo que regalaron o recibió. Aquí está tu lista:

Job	Abigail	El apóstol Juan
Rebeca	Jesús	La gente de Tiro
Los filisteos	Mardoqueo	La hija de Herodías
El hijo pródigo	Caleb	La reina de Saba
Pedro	Jeremías	Los magos de
David	Aquis, rey de Gat	Oriente
José	Melquisedec	

1. Su hija le pidió de regalo fuentes de agua.
   Respuesta: _____

2. Fue liberado por Nabuzaradán, capitán de la guardia de Babilonia, quien le dio provisiones y un regalo al partir.
   Respuesta: _____

3. Le recordó a su discípulo más joven que avivara el fuego del don de Dios que había en él, habiéndolo recibido por su imposición de manos.
   Respuesta: _____

4. Pidió la cabeza de Juan el Bautista en un plato, y la recibió.
   Respuesta: _____

5. Con aprobación de Faraón, le dio a sus hermanos carros, provisiones, vestidos y más.
   Respuesta: _____

6. Recibió una décima parte del botín de la victoria de Abraham sobre Quedorlaómer, rey de Elam.
Respuesta: _____

7. Le dijo a un lisiado «No tengo plata ni oro... pero lo que tengo te doy.» Luego, le sanó de su enfermedad.
Respuesta: _____

8. El Señor le dio el doble de lo que había tenido.
Respuesta: _____

9. Pablo dijo que estos cristianos eran los únicos que habían enviado sus dádivas cuando él había partido de Macedonia.
Respuesta: _____

10. Dio un regalo de pan, vino, ovejas, grano e higos en abundancia a David y sus hombres. Luego se convirtió en la esposa de David.
Respuesta: _____

11. El Señor le dijo. «Al que tenga sed le daré a beber gratuitamente de la fuente del agua de la vida».
Respuesta: _____

12. Se le dio una túnica, sandalias y un anillo.
Respuesta: _____

13. Recibió joyas de plata, oro y vestidos del siervo de Abraham.
Respuesta: _____

14. Él dijo: «Pues si ustedes, aun siendo malos, saben dar cosas buenas a sus hijos, ¡cuánto más su Padre que está en

el cielo dará cosas buenas a los que le pidan!»
Respuesta: _____

15. Nunca había habido tal abundancia de especias como
cuando ella las trajo al rey Salomón.
Respuesta: _____

16. Él escribió a todos los judíos en las provincias cercanas
para que celebrasen la fiesta de Purim y se diesen regalos
unos a otros, como también a los pobres.
Respuesta: _____

17. Trajeron oro, incienso y mirra al niño Jesús.
Respuesta: _____

18. Le dio a David la ciudad de Siclag.
Respuesta: _____

19. ¿Quién traerá presentes, según el Salmo 45?
Respuesta: _____

20. Luego de vencer a los amalecitas, compartió el botín con
varias tribus.
Respuesta: _____

Tengo un regalo para ti: Búscalo en la página 162.

DIEZ RAZONES POR LAS QUE DIOS ELIGIÓ EL MONTE SINAÍ PARA ENTREGAR LOS DIEZ MANDAMIENTOS

10. El Monte Everest era muy difícil de trepar con túnica y sandalias.
9. No existían los resorts de montaña.
8. Los pasos de los Andes estaban cerrados.
7. Si el oso podía subirlo, Moisés también podría hacerlo.
6. Los Alpes suizos eran muy caros.
5. Desde allí podrían vigilar a Saddam.
4. Imaginó que las «montañas de Busch» podrían complicar las cosas más adelante.
3. Estaba guardando el Vesubio para más adelante.
2. Comenzó como un pequeño cúmulo de tierra, luego llegaron los Israelitas.
1. Moisés era muy malo para hacer rappel.

CUANDO DIOS HABLA... EL PUEBLO OYE (PRIMERA PARTE)
(Génesis a 1 Samuel)

Bueno, al menos **a veces.** Y eso no implica que siempre **obedezcan.** A continuación presento una serie de hechos relacionados con momentos en que Dios habló (ya sea directamente o a través de medios milagrosos) a las personas de la Biblia. Desafortunadamente algunos hechos son verdaderos y otros falsos. ¿Alguna pregunta? ¡Adelante!

___ 1. La primera pregunta que Dios hizo a Abraham luego de que él y Eva hubiesen comido del fruto prohibido fue: ¿Quién te dijo que estabas desnudo?

___ 2. Antes de Noé, la última persona a la que Dios había hablado había sido Enoc, quien caminó con Dios, y no fue hallado porque Dios le llevó.

___ 3. El primer discurso de Dios a Abram (Abraham) incluyó el mandamiento de que permaneciesen en Harán hasta que Saray (Sara) hubiese dado a luz a Isaac.

___ 4. El Señor habló a Agar (la sierva de Sara) acerca de su hijo aún no nacido, Ismael, mientras que un ángel del Señor le habló a Sara acerca de su embarazo en edad avanzada.

___ 5. El Señor le dijo a Raquel que había dos naciones en su seno, y dos pueblos se dividían entre sus entrañas.

___ 6. Dios vino a Labán arameo (el suegro de Jacob) en sueños y le indicó que no amenazara a Jacob.

___ 7. Aunque José frecuentemente hablaba de Dios, las

Escrituras no registran alguna situación en la que Dios literalmente hablara a José.

___ 8. Las primeras palabras de Dios a Moisés fueron: «Ciertamente he visto la opresión que sufre mi pueblo en Egipto...»

___ 9. Luego de que los Israelitas habían cruzado el Mar Rojo, las siguientes instrucciones de Dios incluyeron una promesa de librarlos de las enfermedades que habían ocurrido en Egipto, si ellos le eran obedientes.

___ 10. Los últimos mandamientos que Dios le dio a Moisés en el libro de Éxodo conciernen la unción de los sacerdotes.

___ 11. Dios no le hablaba a Moisés cuando este le desagradaba con sus hechos.

___ 12. En el libro de Levítico, Dios dictó leyes acerca de la adoración, la dieta, la sexualidad, el orden social, las fiestas y más. Dios siempre dio estas leyes solamente a Moisés.

___ 13. Moisés realizó el primer censo relatado en el libro de Números porque Dios le ordenó hacerlo.

___ 14. En Números 12, el Señor le habló a Miriam para decirle que estaba muy contento con ella.

___ 15. La primera conversación de Dios con Balán se trató de la crueldad que Balán había manifestado para con los israelitas.

___ 16. A diferencia de los primeros cuatro libros de Moisés, el libro de Deuteronomio solamente se refiere a instancias en las que Dios habló directamente a las personas.

_____ 17. Luego de la muerte de Moisés, la siguiente persona que oyó hablar directamente a Dios fue Rajab la ramera.

_____ 18. Cuando el pueblo de Israel preguntó al Señor quién debía subir primero a pelear contra los cananeos (luego de la muerte de Josué), el Señor respondió: «Judá será el primero en subir, puesto que ya le he entregado el país en sus manos».

_____ 19. La Biblia dice que la primera vez que Samuel oyó al Señor, reconoció inmediatamente su voz.

_____ 20. Aunque Dios le había ordenado a David que atacase a los filisteos en Queilá, David le preguntó por segunda vez si debía hacerlo.

_____ 21. Dios habló en el funeral de Samuel.

Y ahora, **te digo** que las soluciones se encuentran en la página 162.

PARA TODA LA CONGREGACIÓN

Bueno, aquí necesito explicarte algo, así que escucha con atención. Todas las preguntas se tratan de grupos de creyentes o «congregaciones». Simplemente debes nombrar en qué libro de la Biblia suceden estos eventos. Como no hay opciones en cada pregunta te permitiré utilizar el índice de tu Biblia. ¡Pero solo eso! No vale copiarse. De todas formas yo no lo sabré si lo haces, pero **Alguien** sí lo hará. ¿Quieres intentarlo?

1. En su libro, él advirtió a la iglesia a no dar los mejores asientos a los ricos que vestían finas ropas, deshonrando a los pobres haciéndoles permanecer de pie o sentarse en lugares modestos.
   Libro : _____

2. Este profeta dice «Los profetas profieren mentiras, los sacerdotes gobiernan a su antojo, ¡y mi pueblo tan campante! Pero, ¿qué van a hacer ustedes cuando todo haya terminado?
   Libro : _____

3. En este libro Pablo dice a esta congregación (que era muy buena) que se ocupasen de su salvación con temor y temblor, y que hiciesen todo sin quejas ni contiendas.
   Libro : _____

4. El pueblo se volvía a los dioses falsos cuando su líder moría, causando que Dios dijera: «Puesto que esta nación ha violado el pacto que yo establecí con sus antepasados y no me ha obedecido, tampoco yo echaré de su presencia a ninguna de las naciones que Josué dejó al morir».
   Libro : _____

5. En este libro Dios le dijo a Moisés que ningún extranjero debía participar de la Pascua.

    Libro : _____

6. Esta congregación fue criticada duramente por celebrar mal la Cena del Señor: «Porque cada uno se adelanta a comer su propia cena, de manera que unos se quedan con hambre mientras otros se emborrachan».

    Libro : _____

7. Aquí se ordena a los sacerdotes y ministros: «Entréguense al ayuno, convoquen a una asamblea solemne. Reúnan a los ancianos del pueblo en la casa del Señor su Dios; reúnan a todos los habitantes del país, y clamen al Señor».

    Libro : _____

8. ¡Aquí encontramos un grupo de 144.000 hombres puros! (Difícil de creer, ¿eh?)

    Libro : _____

9. Tu hermano ha pecado contra ti. Intentas hablar con él pero se rehúsa a escucharte. Vas a él con otros dos o tres testigos pero te rechaza nuevamente. Finalmente, llevas el asunto a la iglesia.

    Libro : _____

10. «Entonces todo el pueblo, como un solo hombre, se reunió en la plaza que está frente a la puerta del Agua y le pidió al maestro Esdras traer el libro de la ley que el Señor le había dado a Israel por medio de Moisés.»

    Libro : _____

11. Pablo llama «torpes» a los miembros de esta congregación y les pregunta «¿Quién los ha hechizado a ustedes...?»

    Libro : _____

12. En este libro, una mujer perversa que despreciaba a todos miraba a su espejo mágico y decía: «Espejito, espejito, ¿Quién es la más hermosa del reino?»
Libro :_____

13. «El Señor le dijo a Moisés: «Toma a Aarón y a sus hijos, junto con sus vestiduras, el aceite de la unción, el novillo para el sacrificio expiatorio, los dos carneros y el canastillo de los panes sin levadura, y congrega a toda la comunidad a la entrada de la Tienda de reunión.»
Libro :_____

14. Dios le llamó a ir a los israelitas, un pueblo «obstinado y terco», quienes «... se han rebelado contra mí hasta el día de hoy....»
Libro :_____

15. Jesús tenía compasión de las multitudes porque eran como ovejas que no tenían pastor.
Libro :_____

16. Pablo dice a la iglesia que si alguien les ha causado tristeza, debían perdonarlo y confortarlo para que no fuese consumido por la excesiva tristeza.
Libro :_____

17. Dentro de la congregación israelita el pueblo no podía darse a usura o interés, pero sí podían cobrarlo a los extranjeros.
Libro :_____

18. Su libro registra que «... el profeta Jananías hijo de Azur... me dijo en la casa del Señor, en presencia de los sacerdotes y de todo el pueblo: —Así dice el Señor Todopoderoso, el Dios de Israel: "Voy a quebrar el yugo del rey de

Babilonia...»
Libro : _____

19. Pablo animó a este grupo de creyentes a que «Vivan en armonía los unos con los otros. No sean arrogantes, sino háganse solidarios con los humildes. No se crean los únicos que saben».
Libro : _____

20. En este libro el autor menciona un hombre llamado Diótrefes, quien maliciosamente expulsaba a algunos buenos hermanos de la iglesia.
Libro : _____

21. El número de los seguidores de Jesús crecía rápidamente y los doce (apóstoles) sugirieron elegir a siete hombres de buen testimonio para servir a las mesas. Así, los doce podían dar completa atención a la oración y al ministerio de la Palabra de Dios. La Biblia dice que «Esta propuesta agradó a toda la asamblea».
Libro : _____

Bueno, congregación, levantémonos para ir a la página 163 por nuestras respuestas.

AGRESIONES Y LISONJAS

(Un policial «bíblico»)

Como lo indica el título, estas preguntas de «adivinanza múltiple» tienen que ver con agresiones y ataques, o incidentes de lisonjas. Solo trata de ser la mejor persona que ha comprado este libro y ¡No me lastimes por favor!

1. Ella acusó a José de agresión sexual porque él había desechado las adulaciones de ella.

    A. Rahab
    B. Jezabel
    C. Tamar, la nuera de Judá
    D. La esposa de Potifar
    E. Cher (luego de que dejó a Sonny)

2. Pablo le dijo a este grupo de creyentes: «Como saben, nunca hemos recurrido a las adulaciones ni a las excusas para obtener dinero; Dios es testigo».

    A. Los Romanos
    B. Los Tesalonicenses
    C. Los Efesios
    D. Los Filipenses

3. Cuarenta y dos de ellos fueron atacados por osas luego de que Eliseo les maldijera por burlarse de su calvicie.

    A. Soldados de Joram
    B. Jóvenes de Betel
    C. Ladrones de Samaria
    D. Falsos profetas de Baal
    E. Vendedores ambulantes

4. En el Salmo 12, ¿Quiénes no quedan en el mundo? David luego explica: «No hacen sino mentirse unos a otros; sus labios lisonjeros hablan con doblez».

   A. Los fieles
   B. Mis enemigos
   C. Los pocos
   D. Los soberbios
   E. Los marines

5. Su ataque de arco y flecha al rey Joram resultó en una herida en su corazón y su posterior muerte.

   A. Nimrod
   B. Jazael rey de Siria
   C. Jehú hijo de Josafat, hijo de Nimsi
   D. Acab
   E. Robin Hood

6. Pablo dice a los romanos que aquellos que adulan para engañar a los simples no sirven a Cristo, pero sirven a:

   A. El príncipe de la oscuridad
   B. Las sombras del Hades
   C. Malvados líderes en los lugares altos
   D. Sus propios deseos

7. Según el relato de Mateo acerca del arresto de Jesús, ¿Quién desenvaino su espada y cortó la oreja del siervo del sumo sacerdote?

   A. Pedro
   B. Jacobo hijo de Zebedeo
   C. Judas
   D. Uno de los que estaba con él

E. El siervo lo hizo, luego de escuchar a Marco Antonio decir «Amigos, romanos, presten oídos».

8. Una mujer que aparentaba estar de luto aduló a este rey diciéndole que su capacidad de discernir lo bueno de lo malo era como de un ángel de Dios.

A. David
B. Salomón
C. Acab
D. Zacarías

9. Fue atacado y asesinado por sus propios hijos mientras adoraba en el templo de su dios Nisroc.

A. Nabucodonosor
B. Senaquerib
C. Ezequías
D. Ciro

10. En Marcos 12, hombres de dos grupos diferentes fueron enviados a Jesús para intentar atraparlo en sus palabras. Antes de formular su pregunta tramposa intentaron adularlo. ¿A qué grupos representaban estos hombres?

A. Fariseos y herodianos
B. Escribas y saduceos
C. Helenistas y publicanos
D. Maestros y escribas
E. El sindicato de arpistas y los fabricantes de ídolos

11. Cinco reyes se escondieron en una cueva para evadir la furia del ejército de Josué. Josué selló la cueva por un tiempo pero luego los sacó, atacándolos y matándolos. ¿Quién de los siguientes NO era uno de estos reyes?

A. El rey de Jerusalén
B. El rey de Hebrón
C. El rey de Jericó
D. El rey de Jarmut
E. El rey de Laquis
F. El rey de Eglón

12. Salomón dice que la mujer ajena, la extraña de palabras seductoras que abandona al compañero de su juventud se olvida de:

A. La virtud de su madre
B. Los mandamientos de su padre
C. Que el Seol espera a los malvados
D. Su pacto con Dios
E. Que podrías ser un policía en oculto

13. Hechos 12 dice que Herodes decidió arrestar a algunos de la iglesia. ¿Quién fue el primero en ser atacado por él?

A. Esteban
B. Pedro
C. Jacobo, hermano de Juan
D. Juan, hermano de Jacobo

14. «... Si me he ganado tu confianza, acepta este presente que te ofrezco. Ya que me has recibido tan bien, ¡ver tu rostro es como ver a Dios mismo!» ¿Quién está diciendo este halago?

A. Lot hablando a Abraham
B. Jacob hablando a Esaú
C. Rut hablando a Booz
D. Ester hablando a Asuero

15. Él vio cómo el rey de Babilonia asesinaba a sus hijos, luego le quitaron los ojos y lo llevaron a Babilonia.

    A. Bartimeo
    B. El rey Sedequías
    C. Amán
    D. Guedalías el gobernador

16. Daniel profetiza: «Corromperá con halagos a los que hayan renegado del pacto, pero los que conozcan a su Dios se le opondrán con firmeza».

    A. Un rey cuyo nombre no se menciona
    B. Ciro de Persia
    C. Darío de Media
    D. Nabucodonosor

Ahora es tiempo de descubrir si la lisonja te llevará a algún lado. (No recomiendo las agresiones si ella no lo hace.) De todas formas, las respuestas están en la página 164.

INHALE, EXILIE, INHALE, EXILIE

Las siguientes frases están asociadas con el exilio porque los protagonistas:

A. Fueron exiliados contra su voluntad, o

B. Se fueron al exilio por temor a lo que podría pasar si se quedaban en donde estaban.

Une a cada persona con las circunstancias correspondientes (¡si te equivocas en más de la mitad serás **exiliado!**)

David	El apóstol Juan	Adán y Eva
Jeremías	Caín	Daniel
Jefté	Manasés	Jacob
Absalón	Agar e Ismael	Moisés
Ezequiel	Jeroboam	Joaquín

1. Mientras estaba en cautiverio, fue elegido como parte de un grupo de elite para aprender la lengua y literatura de los caldeos.
   Respuesta: _____

2. Cuando fue exiliado por el Señor, vivió en tierra de Nod. (Si conoces la respuesta, mueve tu cabeza hacia arriba y hacia abajo.)
   Respuesta: _____

3. Fue llevado a Babilonia encadenado. Finalmente, volvió a Jerusalén.
   Respuesta: _____

4. Tuvo varias visiones mientras estaba exiliado en la isla de Patmos.
   Respuesta: _____

5. Mientras se escondía del rey de Israel pasó un tiempo en la cueva de Adulán.

    Respuesta: _____

6. Estos DOS individuos fueron exiliados por Abraham y anduvieron por el desierto de Berseba.

    Respuesta: _____

7. Sus medio-hermanos lo echaron de su casa y fue a tierra de Tob.

    Respuesta: _____

8. Luego de ordenar el asesinato de Amnón, se auto-exilió por varios años.

    Respuesta: _____

9. Fue llevado a Egipto con todo el remanente de Judá que había ido a vivir a la tierra de Judá.

    Respuesta: _____

10. Este hombre, que luego sería rey de Israel, huyó a Egipto para evadir la posible ira de Salomón.

    Respuesta: _____

11. Ellos fueron exiliados de una zona relativamente pequeña a un lugar mucho más grande.

    Respuesta: _____

12. Escapó a Madián para huir de la pena de muerte por asesinato.

    Respuesta: _____

13. Mientras «estaba entre los exiliados junto al río Quebar, los cielos fueron abiertos y experimentó visiones de

Dios».
Respuesta: _____

14. Estuvo en cautiverio por treinta y siete años antes de que el rey Evil Merodac lo liberase de la prisión.
Respuesta: _____

15. Su padre le envió a un lugar llamado Padán Aram.
Respuesta: _____

¿Estas esperando para exiliar? Uh, perdón, **exhalar.** Bueno, relájate y ve a la página 165 para ver las respuestas.

> Pensé que habia dicho que él era apenas un poco más alto que yo.

«Aquí Salomón, para darte la bienvenida al final del capítulo cuatro. Y esta vez he decidido no cantar. Voy a darte un poco de información acerca de mi padre, David. Según lo que mi papá me contó acerca de su odisea con el gigante, aquí tienes las:

DIEZ COSAS QUE DAVID HIZO ANTES DE ENFRENTARSE A GOLIAT

10. Puso un cargador de treinta tiros en su honda.
9. Llamó a su abogado para darle instrucciones acerca de su testamento.
8. Se puso su peor ropa interior.
7. Devolvió su teléfono celular.
6. Se tomó fotos con toda su familia.
5. Regaló su colección de tarjetas de béisbol.
4. Cerró su casillero de correo electrónico.
3. Hizo paracaidismo.
2. Escondió un cuchillo en su bota.
1. Compró de todo con sus tarjetas de crédito.

«Y ahora los dejo con una de mis mujeres favoritas de todos los tiempos. Es la única mujer que conozco a la que su esposo le puso el nombre. ¡Con ustedes, Eva!»

(Aplausos, por favor)

«Gracias, Salomón. En realidad, mi esposo Adán quería tener muchas esposas, como tú. ¡Su único problema es que no tenía suficientes costillas! Por supuesto que lo más lindo de haber sido la primera pareja fue que nunca tuvimos problemas con nuestra familia política. Bueno, ustedes sí que son una audiencia numerosa. Los veré en el capítulo cinco. Mientras tanto, ¿puedo tentarlos con un pastel de manzana?»

EJERCITANDO (LA MEMORIA)
RESPUESTAS

¡Así se hace, Moi!
Páginas 129-131

1. Verdadero (Éx 1:6)
2. Falso (Éx 1:20-21)
3. Falso (Éx 2:10)
4. Verdadero (Éx 2:12-15)
5. Falso (Éx 2:22)
6. Verdadero (Éx 3:2)
7. Verdadero (Éx 3:13-14)
8. Falso (Éx 4:1-9)
9. Verdadero (Videocintas del Mar Muerto)
10. Verdadero (Éx 4:24-26)
11. Falso (Éx 4:29-31)
12. Falso (Éx 5:1-23)
13. Falso (Éx 7:7)
14. Verdadero (Éx 7:10-11, 20-22)
15. Verdadero (Éx 8:8)
16. Verdadero (Éx 9:11)
17. Falso (Éx 9:32)
18. Verdadero (Éx 10:21)
19. Falso (Éx 12:35-36)
20. Falso (Éx 13:19)

¡Yo tengo antigüedad!
Páginas 132-133

1. Caín (Gn 4:1)
2. Abel (Gn 4:2)
3. Enoc (Gn 4:17; 5:18-24) (Nota: En realidad hubo dos Enoc. Uno fue el primer hijo de Caín, y el otro el padre de Matusalén. Es este último del que la Biblia indica que fue llevado directamente por Dios sin

experimentar la muerte física. Ambos van en esta posición del cuestionario. ¡Qué bueno!)

4. Matusalén (Gn 5:21)
5. Noé (Gn 5:28-29)
6. Nimrod (Gn 10:8)
7. Abraham (Gn 11:26)
8. Lot (Gn 11:27)
9. Isaac (Gn 21:2-3)
10. Lea (Gn 29:16)
11. Dina (Gn 30:21; 34:1)
12. José (Gn 30:22-24)
13. Moisés (Éx 2:1-10)
14. Josué (Éx 24:13; Jos 1:1-20)
15. Débora (Jue 4.4)
16. Gedeón (Jue 6:11)
17. Sansón (Jue 13:24)
18. Rut (Rt 1:4)
19. Samuel (1 S 1:20)
20. Saúl (1 S 9:2; 12:1)

Arbóreo
Páginas 135- 137

1. Sicómoro (Lc 19:4)
2. Palmera (Jue 4:4- 5)
3. Bálsamo (2 S 5:23-25)
4. Higuera (Mt 24:32)
5. Cedro (1 R 10:27)
6. Encina (Jue 6:19)
7. Arbusto (1 R 19:4)
8. Acacia (Éx 36:20)
9. Olivo (Ro 11:24)
10. Granado (1 S 14:2)

¡Para ti... de mi parte!
Páginas 138-140

Cuando Dios habla... el pueblo oye (primera parte)
(Génesis a 1 Samuel)
Páginas 142-144

1. Falso (Gn 3:9-11)
2. Verdadero (Gn 5:24)
3. Falso (Gn.12:1-3)
4. Falso (Gn 16:7-12; 18:1-15)
5. Falso (Gn 25:21-23)
6. Verdadero (Gn 31:24)
7. Verdadero (Gn 37-50)
8. Falso (Éx 3:4-7)
9. Verdadero (Éx 15:26)
10. Verdadero (Éx 40:15)
11. Preferentemente que los rayos y truenos, por supuesto.
12. Falso (Lv 13.1; 14:33; 15:1)
13. Verdadero (Nm 1:1-2)
14. Falso (Nm 12:1-16)
15. Falso (Nm 22:9-12)
16. Verdadero (Dt 1:1-3)
17. Falso (Jos 1:1-2)
18. Verdadero (Jue 1:1-2)
19. Falso (1 S 3:1-10)
20. Verdadero (1 S 23.1-4)
21. Falso.

Para toda la congregación
Páginas 145-148

1. Santiago (2:1-6)
2. Jeremías (5:31)
3. Filipenses (2:12-14)
4. Jueces (2: 18-21)
5. Éxodo (12:43)
6. 1 Corintios (11:21)
7. Joel (1:14-15)

8. Apocalipsis (14:1-5)
9. Mateo (18:15-17)
10. Nehemías (8:1)
11. Gálatas (3:1)
12. Blancanieves
(Nota: Si encuentras este libro en tu Biblia, tienes una Biblia muy rara.)
13. Levítico (8:1-3)
14. Ezequiel (2:3-6)
15. Marcos (6:34)
16. 2 Corintios (2:5-7)
17. Deuteronomio (23:19-20)
18. Jeremías (28:1-2)
19. Romanos (12:16)
20. 3 Juan (9-10)
21. Hechos (6:1-5)

Agresiones y Lisonjas
Páginas 149-153

1. D. (Gn 39:6-20)
2. B. (1 Ts 2:5)
3. B. (2 R 2:23-24)
4. A. (Sal 12:1-2)
5. C. (2 R 9:14-24)
6. D. (Ro 16:18)
7. D. (Mt 26:51)
8. A. (2 S 14:17)
9. B. (Is 37:37-38)
10. A. (Mr 12:13-17)
11. C. (Jos 10:22-26)
12. D. (Pr 2:16-17)
13. C. (Hch 12:1-2)

14. B. (Gn 33:10)
15. B. (2 R 25:7)
16. A. (Dn 11:32)

Inhale, exilie
Páginas 154-156

1. Daniel (Dn 1:1-6)
2. Caín (Gn 4:3-16)
3. Manasés (2 Cr 33:11-13)
4. Juan (Ap 1:9)
5. David (1 S 22:1)
6. Agar e Ismael (Gn 21:14)
7. Jefté (Jue 11:3)
8. Absalón (2 S 13:37-38)
9. Jeremías (Jer 43:5-7)
10. Jeroboan (1 R 11:40)
11. Adán y Eva (Gn 3:24)
12. Moisés (Éx 2:15)
13. Ezequiel (Ez 1:1-2)
14. Joaquín (2 R 25:27-30)
15. Jacob (Gn 28:1-5)

5

ENTRANDO EN CALOR

PRIMER ACTO

Las siguientes preguntas incluyen a los grandes (o quizás no tan grandes) actores de la Biblia: Personas que aparentaron ser alguien más, o algo más de lo que eran. Como suelo hacer, he puesto algunos hechos equivocados **intencionalmente.** Es un ejercicio de **verdadero / falso** nuevamente. Recuerda, para ser verdadera, la frase completa debe ser exacta.

___ 1.   Amnón, hijo de David, aparentó estar enfermo para poder forzar a su medio-hermana Tamar a acostarse con él.

___ 2.   Raquel se hizo pasar por su hermana Lea y engañó a Jacob en su noche de bodas. (estaba muy oscuro)

___ 3.   Un profeta que colocó una venda sobre sus ojos le dijo a alguien que le pegara para aparentar estar herido.

___ 4.   Algunos de los discípulos de los fariseos se acercaron a Jesús junto a los herodianos, aparentando tener preguntas sinceras, para tentarlo con una cuestión acerca de los impuestos.

___ 5.   Para asegurarse de que nadie descubriese que iba a consultar una adivina, Saúl se disfrazó y fue solo hacia Endor.

___ 6.   Como Abraham estaba preocupado de que la belleza de Saray le costase la vida en Egipto, ella accedió a aparentar ser su prima.

___ 7.   Antes de que el hato de cerdos poseídos cayeran en el mar, estos habían sido parte del equipo de nado sincronizado de puercos palestinos.

___ 8. Como David temía al rey de Gat aparentó estar demente, dejando que le corriese saliva por la barba y haciendo garabatos en las puertas.

___ 9. Cuando Herodes oyó hablar de Jesús, estaba seguro de que él era el profeta Elías resucitado de los muertos.

___ 10. Cuando Absalón llamó a la mujer de Tecoa para que visitara a su padre, le ordenó que vistiera ropa de luto y actuara como una madre enlutada.

___ 11. Aunque es verdad que Jacob logró robar la bendición de su hermano haciéndose pasar por él, también es verdad que Rebeca, su madre, lo planeó todo.

___ 12. Los gabaonitas, una de las naciones que Josué estaba tratando de conquistar, lograron engañarlo para lograr un tratado de paz aparentando ser de un país muy lejano.

___ 13. Cuando la esposa del rey Jeroboam estaba muy enferma, él le pidió a su hijo que se disfrazase y fuese a buscar al profeta Ahías.

___ 14. Herodes trató de convencer a los pastores de que le digan dónde había nacido Jesús, aparentando que él también quería adorar al niño.

___ 15. El rey Josías fue herido de muerte luego de disfrazarse e ir a la batalla contra el rey de Egipto.

___ 16. El rey Acab murió después de ir en su carro aparentando ser un soldado herido.

Ahora, para ver la exactitud de tu tarea, en la que aparentaste trabajar muy seriamente, ve a la página 200.

SOMOS MUJERES... ESCÚCHANOS RUGIR

Me encantan las mujeres. En realidad, me gustan tanto que me casé con una de ellas. (Salomón **realmente** amaba a las mujeres.) Y ahora es tiempo de pensar en las damas de la Biblia y reconocer sus contribuciones. Une a las mujeres de la lista que sigue con las descripciones que corresponden. ¡Vamos chicas!

María	Cozbi	Gómer	Vasti
María	Juana	Dina	Rizpa
Magdalena	Ana	Ana	Jezabel
Candace	María	Cetura	Jocabed
Febe	Zeres	Mical	
Noemí	Damaris	Loida	
Merab	Elisabet	Abigail	

1. Cuando su esposo, que era el rey de Persia, la hizo venir a su fiesta, no quiso mostrarse.
   Respuesta: _____

2. Esta mujer ateniense se convirtió al Evangelio escuchando a Pablo.
   Respuesta: _____

3. No tuvo temor de rebelarse, y fue castigada con lepra y confinada fuera del campamento israelita por una semana.
   Respuesta: _____

4. La hija mayor de Saúl fue prometida a David, pero fue dada a Adriel de Mejolá en su lugar.
   Respuesta: _____

5. Fue la esposa de Cuza, el funcionario de Herodes, y había sido sanada por Jesús.

    Respuesta: _____

6. El rey David tenía una hermana y una esposa con este nombre.

    Respuesta: _____

7. Cuando tenía cerca de ochenta y cuatro años, esta profetisa viuda tuvo la oportunidad de ver al niño Jesús.

    Respuesta: _____

8. Esta mujer madianita murió junto con su «amigo» israelita por la jabalina de Finees.

    Respuesta: _____

9. Pablo la llamó «nuestra hermana», una diaconisa de la iglesia en Cencrea.

    Respuesta: _____

10. Cuando Dios le ordenó a Oseas que se casara con una mujer adultera, él obedeció y se casó con esta mujer.

    Respuesta: _____

11. Un tiempo después de la muerte de Sara, Abraham tomó a una mujer que le dio seis hijos. ¿Cuál era su nombre?

    Respuesta: _____

12. Como ella había sido estéril, se maravilló de pensar que podría quedar embarazada. Luego dio a luz a Juan el Bautista.

    Respuesta: _____

13. Esta mujer, concubina de Saúl, protegió los cadáveres de los descendientes de Saúl que habían sido colgados por

los gabaonitas.
Respuesta: _____

14. El precio que David pagó para convertirse en yerno de Saúl fue de doscientos prepucios filisteos. Luego _____, la hija de Saúl, le fue dada por esposa. (Afortunadamente para los filisteos, David tuvo misericordia de ellos y los mató antes de la cirugía)
Respuesta: _____

15. Porque «... me ha hecho desdichada el Todopoderoso...», ella decía a la gente que no la llamaran por su nombre sino que la llamasen Mara.
Respuesta: _____

16. La conversación de Felipe con el etíope acerca de Jesucristo lo llevó a su conversión y bautismo. ¿Cómo se llamaba la reina etíope a quien él servía?
Respuesta: _____

17. Lamentablemente, algunas mujeres se casan con villanos. Este es el caso de ella; su esposo era Amán.
Respuesta: _____

18. Esta hija de Jacob fue «violada» por un heveo, lo que produjo muchísimos problemas.
Respuesta: _____

19. Ella estaba afligida profundamente pero el sacerdote la acusó de estar ebria.
Respuesta: _____

20. La madre de Moisés.
Respuesta: _____

21. En las bodas de Caná, ella le dijo a Jesús que no había vino.
Respuesta: _____

22. Ella murió luego de ser arrojada desde una alta ventana por dos o tres oficiales.
Respuesta: _____

23. El relato de Mateo la nombra primera entre los que visitaron la tumba de Jesús luego de su sepultura.
Respuesta: _____

24. Cuando Pablo habló de la fe de Timoteo, mencionó que esta venía de su abuela. ¿Cuál era su nombre?
Respuesta: _____

Veamos cuán bien lo has hecho nombrando a las damas. Encontrarás a estas mujeres en la página 200.

SE TRATA DE UNA VIDA (SEGUNDA PARTE)

Solo por esta vez lo haremos de elección múltiple. ¡Éxitos!

1. Otni, Rafael y Obed servían como:

   A. Asistentes de Salomón
   B. Porteros del santuario
   C. Escultores, artesanos
   D. Maestros de la ley

2. Según Romanos 16, Erasto era:

   A. Tesorero de la ciudad
   B. Asesor de Pilato
   C. Filósofo
   D. Pastor
   E. Guardia del Coliseo

3. La Biblia dice que Dios estaba con el joven Ismael, y él fue:

   A. Un gran cazador
   B. Un guerrero
   C. Poseedor de mucha tierra
   D. Tirador de arco
   E. Escribano público

4. Lidia, una mujer mencionada en el libro de los Hechos, trabajaba:

   A. Recolectando grano de los campos de trigo
   B. Vendiendo telas de púrpura
   C. Tejiendo cestas
   D. Haciendo tiendas
   E. Alquilando videos

5. Nehemías trabajaba para el rey de Persia. ¿Cuál era su empleo?

   A. Lavaba y se ocupaba de los atuendos reales
   B. Asesoraba al rey en asuntos de guerra
   C. Interpretaba los sueños del rey
   D. Era copero (probaba el vino del rey para asegurarse de que no estuviera envenenado)

6. Junto con el hecho de ser el primer hombre en golpear a su hermano, Caín era:

   A. Un hombre que trabajaba la tierra
   B. Un cavador de pozos
   C. Un renombrado cazador
   D. Pastor de cabras
   E. Fabricante de papas fritas

7. Según la carta de Pablo a Filemón, Onésimo era:

   A. Comerciante
   B. Un ex soldado
   C. Esclavo
   D. Eunuco (y parte de un grupo coral real)
   E. Un scout

8. El trabajo de Joab incluía:

   A. Hacer sonar la trompeta ante la llegada del rey
   B. Sanar a los heridos luego de la batalla
   C. Comandar los ejércitos de David
   D. Quitar a los adivinos y agoreros de Israel

9. Aunque conocemos a Jesús por predicar y sanar, él había trabajado como:

A. Fabricante de tiendas
B. Carpintero
C. Escriba
D. Labrador de piedra
E. Soldador

10. 1 Reyes 21 cuenta la historia de un hombre llamado Nabot, quien usaba su tiempo:

A. Haciendo cortinas para el templo de Salomón
B. Plantando una viña
C. Fabricando vasos de plata
D. Construyendo barcos para la flota de Salomón

11. Uno de los doce discípulos de Jesús, Mateo, trabajaba como

A. Asistente en la prisión
B. Pescador
C. Médico
D. Recaudador de impuestos
E. Baterista de Pink Floyd

12. ¿Cuál era el trabajo de Agar?

A. Esclava
B. Partera
C. Plañidera
D. Pastora de cabras
E. Fabricaba jeans para Leví

13. Su nombre era Félix. No era un gato. Era:

A. Un fariseo que debatía con Jesús
B. Un músico del templo
C. Un orador griego

D. Un gobernador romano

E. Un militar que había sido sanado por Pedro

14. Según 1 Crónicas, uno de los contemporáneos de David, Asaf, fue nombrado para ser:

A. El que leía la ley

B. El que servía la comida en el lugar de la construcción del templo

C. Capataz de los fundamentos del templo

D. El que tocaba los címbalos

15. Tubal Caín, quien ser menciona al principio del libro de Génesis, era:

A. Artesano en bronce y hierro

B. Fabricante de largos arcos de madera de almendro

C. Curtidor de pieles

D. Guardaparques del Edén, luego de la expulsión de Adán y Eva

16. Caifás era:

A. Secretario de Nerón

B. Sumo sacerdote

C. Centurión (líder de 100 hombres)

D. Atalaya del templo

17. Cuando el ángel del Señor llamó a Gedeón al servicio, él estaba:

A. Trillando trigo

B. Cuidando ovejas

C. Sacrificando un carnero

D. Recolectando uvas para el vino

E. A cargo de una agencia de turismo

18. Según Josué 13:22, Balán era considerado:

    A. Un profeta de maldad
    B. Constructor de ídolos
    C. Falso maestro
    D. Adivino

19. El libro de los Hechos menciona a un hombre llamado Demetrio, que hacía estatuillas de la diosa Artemisa. ¿De qué material era su producción?

    A. Marfil
    B. Cobre
    C. Bronce
    D. Plata

20. Abner era primo de Saúl, y también era:

    A. Su guardaespaldas
    B. Su escudero
    C. Su comandante en jefe
    D. Un constructor de carros

21. Jezabel era:

    A. Jueza de Israel
    B. Una ramera
    C. La reina de Israel
    D. La reina de Judá

22. El primer capítulo de Ester nos dice que Meumán era:

    A. Miembro de un grupo de eunucos que servían al rey

B. Parte del grupo de músicos que tocaban en las fiestas del rey
C. El copero del rey
D. El panadero del rey
E. El asesor de Internet del rey

Bueno, antes que los cazadores de cerebros nos comiencen a ofrecer mejores empleos por nuestras maravillas bíblicas, veamos lo que realmente hacen. (En realidad, la frase **cazadores de cerebros** quizás tenia una implicancia mucho más **literal** en los tiempos bíblicos.) Caza tus respuestas fácilmente en la página 199.

¿Qué tal otra lista? Vayamos nuevamente al jardín del Edén para descubrir las:

DIEZ FORMAS EN LAS QUE ADÁN Y EVA SE DIERON CUENTA DE QUE ESTABAN DESNUDOS

10. Cada vez que pasaban los avestruces escondían sus cabezas en la arena.

9. Se quemaban con el sol.

8. Recibieron un catálogo especial de ropa hecha con hojas de higuera.

7. Fueron arrestados repetidas veces por exhibicionismo.

6. Notaron un cartel que decía: PARQUE EDÉN- OPCIONAL LLEVAR VESTIMENTA

5. Eva recibió una llamada de Cher pidiéndole consejo para su guardarropas.

4. Comenzaron a ver que había personas escondidas entre los arbustos con binoculares.

3. Les era doloroso trepar árboles.

2. El único sastre en el jardín había colocado un cartel que decía: «Haré ropa a cambio de comida».

1. Se encontraron en la lista de los «peores vestidos» entre las celebridades.

...Y TE AYUDARÁN A BAJAR EL COLESTEROL

¿EN SERIO?

MIS DOS HIJOS

Aquí solamente encontrarás un hombre con **dos** hijos, uno de ellos conocido como el hijo pródigo. Esta es la famosa parábola que Jesús narró en Lucas 15. Todo lo que debes hacer es escribir SI en cada oración que forme parte de la historia y NO en las que no lo sean. Aquí tienes tu herencia. ¡No la malgastes!

___ 1. Cuando el hijo menor pidió su porción de la herencia, el padre dividió su herencia entre los dos hijos.

___ 2. Jesús dijo que el hijo pródigo gastó su parte en un período de varios meses.

___ 3. Luego de que el hijo menor hubo gastado todo su dinero, enfermó gravemente.

___ 4. Afortunadamente, el hijo pródigo descubrió que podría cobrar un seguro de desempleo por lo menos durante tres meses.

___ 5. Su primer trabajo consistía en alimentar cerdos.

___ 6. Cuando el hijo pródigo consideró por primera vez volver a su casa, pensó en pedirle a su padre que lo empleara como jornalero.

___ 7. Como el padre no sabía donde estaba su hijo, hizo imprimir una foto del muchacho en todos los envases de leche de Israel.

___ 8. Cuando el hijo retornó a su casa, su padre no estaba allí.

___ 9. El padre ordenó a sus siervos que trajesen al hijo pródigo el mejor vestido, un anillo y calzado.

___ 10. El padre ordenó que sacrificaran un cordero y lo comieran para celebrar la reunión con su hijo.

___ 11. El hermano mayor se enteró de lo sucedido por boca de uno de los siervos.

___ 12. El padre se enojó con el hijo mayor por no ayudarle a celebrar el retorno de su hermano.

___ 13. El hermano mayor acusó al padre de nunca darle un cabrito para regocijarse con sus amigos.

___ 14. El padre le contestó: «Hijo, tú siempre tomas mis cabritos».

___ 15. El hijo mayor dijo que su hermano había gastado su dinero en prostitutas.

___ 16. El padre le dijo a su hijo mayor que su hermano menor había estado muerto y ahora vivía.

___ 17. Cuando Jesús terminó esta parábola, le explicó a sus discípulos que el hijo pródigo representaba a los judíos, quienes más adelante le rechazarían, y el hijo mayor representaba a los gentiles, que estaban celosos de los judíos como el pueblo elegido de Dios.

___ 18. Una versión similar de esta parábola aparece en el Evangelio de Mateo.

Puedes chequear tus respuestas en la página 202.

¿ME PERMITE ESTA PIEZA?

No pienses que solamente vas a bailar y con eso ganarás este juego. Tengo la intención de provocar un par de giros que te hagan perder el equilibrio. Así que, ¡te deseo lo mejor!

1. Fue regañado por su mujer, Mical, por danzar en público como un plebeyo.
   Respuesta: _____

2. Su danza seductora ante Herodes le costó la cabeza a Juan el Bautista.
   Respuesta: _____

3. En el Salmo 30 David dice: «Convertiste mi _____ en danza...».

4. Se encendió en irá cuando vio a la gente en el campamento danzando alrededor de un ídolo.
   Respuesta: _____

5. Al danzar decían: «Saúl destruyó a un ejército, ¡pero David aniquiló a diez!».
   Respuesta: _____

6. Cuando venía del campo escuchó música y danzas, pero no sabía el motivo de las mismas.
   Respuesta: _____

7. Jesús comparó a la generación de su ministerio terrenal con _____ sentados en la plaza diciendo: «Tocamos la flauta, y ustedes no bailaron; Cantamos por los muertos, y ustedes no lloraron»

8. Este juez de Israel volvió a su casa, donde su única hija lo recibió danzando al son de las panderetas.
   Respuesta: _____

9. En Eclesiastés, el Predicador dice que hay tiempo de _____ y tiempo de bailar. (RVR 1960)

10. Los jóvenes de su tribu esperaban que las muchachas de Silo saliesen a danzar en la fiesta anual. Luego, las raptaban y las tomaban como mujeres.
    Respuesta: _____

11. Ella guió a las mujeres de Israel a danzar para celebrar el cruce del Mar Rojo.
    Respuesta: _____

12. Él les dijo a sus amigos que los malos prosperan, que sus hijos danzan y cantan al son del arpa y el tamboril.
    Respuesta: _____

13. Estos dos salmos consecutivos animan al lector a alabar a Dios con danzas. ¿Cuáles son?
    Respuesta: _____

14. «Oh, virginal Israel. Te edificaré de nuevo; ¡sí, serás reedificada! De nuevo tomarás panderetas y saldrás a bailar con alegría.» ¿Qué profeta afirmó que el Señor le había dado estas palabras?
    Respuesta: _____

Por favor baila hasta las respuestas en la página 202.

¡HOLA, HOMBRE APUESTO!

Todas estas personas fueron descriptas por los escritores bíblicos como físicamente atractivas. Esto supo traerles algunos problemas. (¡Cuánto me alegro de no tener que tratar con problemas como este!)

Aquí tienes tu lista:

Tamar	José	Betsabé
Absalón	Saray	Vasti
Job	La Sulamita	David
Moisés	Mohammed Alí	Abigail
Sansón	Abisag	Rebeca
Raquel	Ester	

1. Cuando su esposo quiso mostrar la belleza que ella tenía a sus compañeros de borracheras, ella se negó a asistir a la fiesta.
   Respuesta: _____

2. Nadie en Israel recibió tanta alabanza por su parecer.
   Respuesta: _____

3. Su madre lo vio niño hermoso.
   Respuesta: _____

4. Ella se refirió a sí misma como morena, pero hermosa.
   Respuesta: _____

5. Aunque no cometió ningún crimen, por su parecido atractivo terminó en prisión.
   Respuesta: _____

6. Esta hermosa virgen se recostaba al lado del anciano David para darle calor.
   Respuesta: _____

7. Su medio hermano se obsesionó con su hermosura hasta llegar a abusar de ella.
   Respuesta: _____

8. Era una mujer muy hermosa.
   Respuesta: _____

9. Su suegro, luego de dar a su esposa a otro hombre, trató de apaciguarlo ofreciéndole a su hermana menor, diciendo que era más atractiva.
   Respuesta: _____

10. Fue vista mientras se bañaba, y era muy hermosa.
    Respuesta: _____

11. Él dijo: «Mi cara es tan hermosa que no se ve ninguna cicatriz, lo que prueba que por lejos soy el rey del ring».
    Respuesta: _____

12. Ella era huérfana, tenía una figura atractiva y era muy hermosa. Su nombre hebreo era Jadasá.
    Respuesta: _____

13. «La joven era muy hermosa, y además virgen...» También era pariente de Abraham.
    Respuesta: _____

14. Sus hijas eran consideradas las mas bellas en la tierra, y él les dio herencia junto con sus hermanos.
    Respuesta: _____

15. Su esposo «era insolente y de mala conducta» pero ella «era una mujer bella e inteligente».
    Respuesta: _____

16. Fue descrito como un joven «buen mozo, trigueño y de buena presencia».
    Respuesta: _____

17. Su esposo le dijo que su belleza podía ponerla en peligro.
    Respuesta: _____

Las respuestas más atractivas se encuentran en la página 203.

DIEZ COSAS A LAS QUE ADÁN SE ENFRENTÓ AL PONERLE NOMBRE A LOS ANIMALES

10. Las hormigas querían llamarse osos.
9. Los gatos querían endiosarse.
8. A los conejos no les interesaba tener un nombre.
7. Las serpientes estaban preocupadas por el asunto de reptar o no reptar.
6. Los mapaches querían llamarse «llaneros solitarios».
5. Los zorros querían que los elefantes se llamaran «comemaníes».
4. Adán sabía que Eva querría que alguno se llamara «Barbie».
3. Las mulas ya se habían autodenominado y no querían cambiar su nombre.
2. Los loros repetían una y otra vez sus peores ideas.
1. Cada vez que él decía «hiena» todos los animales reían.

EL CLUB DE LAS SEGUNDAS ESPOSAS

Bueno, quizás en la Biblia no se narran tantos divorcios como los que vemos hoy en día, pero muchos hombres tuvieron «segundas esposas». Esto se debía a veces a la muerte de la primera, o porque algunos hombres eran «coleccionistas».

Como estoy de buen humor, este juego será de elección múltiple.

1. La segunda esposa de David fue:

   A. Mical (la hija de Saúl)
   B. Ajinoán de Jezreel
   C. Abigail
   D. Betsabé
   E. David solo tuvo una mujer: Betsabé

2. Luego de la muerte de Sara, Abraham se casó con:

   A. Semaías
   B. Cetura
   C. Seba
   D. Milca
   E. Mary Todd

3. Lamec fue descendiente de Caín. Su segunda esposa fue:

   A. Samis
   B. Zila
   C. Ada
   D. Dina
   E. Jennifer

4. La segunda esposa de Jacob debía haber sido la primera. ¿Quién era?

A. Bilha
B. Zilpá
C. Lea
D. Raquel

5. La segunda esposa de Moisés aparentemente era:

   A. Una mujer egipcia, su nombre no se establece
   B. Séfora
   C. María
   D. Su sobrina
   E. Bastante pasiva

6. Según la instrucción de Pablo en Romanos 7; ¿Cuál de los siguientes eventos liberaba a una mujer casada para casarse con otro hombre?

   A. La infidelidad sexual de su esposo
   B. El pedido de divorcio de su esposo
   C. Que su esposo tomara una segunda mujer
   D. La muerte de su esposo

7. La segunda esposa de Esaú fue:

   A. Aholibama
   B. Basemat
   C. Ada
   D. Coré

8. Booz fue el segundo esposo de Rut (Si, sé que se supone que este es el club de las segundas esposas, pero por favor, sé más tolerante.) ¿Quién fue el primer esposo de Rut?

   A. Elimélec
   B. Quilión

C. Majlón

D. Obed

9. Pablo le dijo a Timoteo que él deseaba que las viudas jóvenes se casaran y (dos respuestas):

A. Oraran diariamente

B. Sirvieran a sus esposos

C. Tuvieran niños

D. Administraran sus hogares

E. Enseñen al perro a hacer sus necesidades biológicas fuera de la casa

10. La segunda esposa de Sansón fue

A. Una ramera de Gaza

B. Dalila

C. Una mujer de Timnat

D. Ramat Lehí

E. Sansón solo tuvo una mujer

11. El padre de Samuel, Elcaná, tenía dos esposas. Una de ellas era la madre de Samuel. La otra era:

A. Dámaris

B. Penina

C. Ana

D. Gómer

12. El hijo de David, Absalón, tuvo por lo menos cuatro hijos. Ellos le nacieron a su:

A. Primera esposa

B. Segunda esposa

C. Dos de sus concubinas

D. La Biblia no lo dice

13. Es difícil de asegurar quién fue la segunda esposa de Salomón, porque luego de la mención de la hija de Faraón, la siguiente mención de esposas indica que él había acumulado:

A. 150 esposas y 30 concubinas
B. 350 esposas y 100 concubinas
C. 700 esposas y 300 concubinas
D. 1200 esposas y reinas y 450 concubinas
E. Cinco reinas, cuatro esposas, tres princesas y dos concubinas

14. La segunda esposa de este rey, junto con su primera esposa (y quizás muchas más) fueron llevadas a Babilonia por el ejército de Nabucodonosor.

A. Josías
B. Joaquín
C. Sedequías
D. Manasés

15. El hijo de Salomón, Roboam, reinó después de su padre. La Biblia dice que Roboam amó a su segunda esposa más que a sus otras esposas o concubinas. Su nombre era

A. Macá, descendiente de Absalón
B. Majalat nieta de David
C. Ziza, una princesa etíope
D. Ofir, hija de Hiram, rey del Líbano
E. Lulu, hija de un Moabita llamado Billy-Bob

16. Cuando este rey despidió a su primera esposa por insu-

bordinación, celebró un concurso: «¿Quién quiere ser la esposa de un rey persa multimillonario?».

A. Mardoqueo
B. Asuero
C. Amán
D. Jegay
E. Abagtá

17. La segunda esposa del profeta... ¡era su primera esposa!

A. Joel
B. Ezequiel
C. Amós
D. Oseas

18. El apóstol Pablo le dijo a Timoteo que los hombres que buscaban alguno de estos dos oficios debían tener solamente una esposa (dos respuestas):

A. Pastores
B. Ujieres
C. Diáconos
D. Salmistas
E. Obispos
F. Tesoreros

Revisa las respuestas en la página 204. Disculpa, pero a diferencia de estos matrimonios, aquí no hay segundas oportunidades.

EN FAMILIA

Muchas de las personas en la Biblia están emparentadas, algunas con parentesco demasiado cercano para su comodidad. ¡Imagina casarte por tercera vez, y tener aún los mismos parientes políticos! Pero para facilitarte la tarea intentaremos el ejercicio con un formato de verdadero / falso. ¡Éxito!

___ 1. Rut fue la abuela de David.

___ 2. El rey Melquisedec no tiene parientes conocidos.

___ 3. Lázaro, a quien Jesús resucitó, era hermano de María y Marta.

___ 4. Matusalén, quien tiene la mayor edad registrada en la Biblia (969) tenía un hijo llamado Enoc, quien vivió 365 años y Dios lo llevó.

___ 5. Cuando Nabucodonosor conquistó Judá en el 597 a.C, Joaquín de Judá fue quitado del reino, y el nuevo rey, Sedequías, era su tío.

___ 6. La mujer de Lot, quien fue convertida en estatua de sal, era nieta de Abraham.

___ 7. Absalón y Salomón eran medio-hermanos.

___ 8. En la segunda carta de Pablo a Timoteo, menciona el nombre de la madre de Timoteo, Loida, y de su abuela, Eunice.

___ 9. El suegro de María (padre de José) se llamaba Matán.

___ 10. Gedeón tenía varias esposas y tuvo setenta hijos.

_____ 11. Al morir Raquel, dio a luz a su hijo Benjamín.

_____ 12. Jetro, el sacerdote de Madián, tenía un yerno llamado Moisés.

_____ 13. Jeremías fue forzado a ver el asesinato de sus hijos.

_____ 14. Simón Pedro y Andrés eran hermanos, quienes fueron los primeros discípulos en ser llamados por Jesús. Él luego los llamo «hijos del trueno».

_____ 15. Los primeros dos niños mencionados en el Antiguo Testamento son Pebbles y Bam Bam.

_____ 16. No conocemos más detalles de la familia de Daniel (el escritor del libro que lleva su nombre) aparte de que era de la realeza y la nobleza.

_____ 17. La reina Ester fue criada por Mardoqueo, quien era su primo.

_____ 18. José, hijo de Jacob, solo tenía un hermano de su misma madre, llamado Benjamín.

_____ 19. El padre de los discípulos Jacobo y Juan se acercó a Jesús para pedir que sus hijos se sentasen a la derecha e izquierda de Jesús en su reino.

_____ 20. María y Elisabet, la madre de Juan el bautista, eran parientas.

Las respuestas emparentadas con estas preguntas se encuentran en la página 205.

«Hola, aquí Eva otra vez para felicitarte por haber terminado el capítulo cinco. ¡Realmente eres bastante perseverante! Solo espero que no hayas hecho trampa. Créeme, YO SÉ adónde podría llevarte tal actitud.

Gracias por venir. ¡Ahora les voy a presentar a un hombre de la Biblia de la mejor clase, el único: MOISÉS! (Gran ovación, se abren los mares, tiembla la tierra, etc.)

«Por favor, tomen asiento todos. Después de todo, recuerden que yo fui un líder bastante reticente. Traté de poner todas las excusas posibles para serlo, pero no pudo ser. Les cuento que me encontré con Noé detrás del escenario, y los dos estábamos conversando que ambos construimos arcas. Por supuesto la de Noé era mayor en tamaño, para flotar en agua, y la mía era el arca del pacto.

MOISÉS CONSULTA INDICACIONES EN INTERNET PARA EL VIAJE

Bueno, como todos tienen sus listas, aquí está la mía:

DIEZ COSAS QUE ME FRUSTRABAN ACERCA DE LOS HIJOS DE ISRAEL

1. Cuando compraban chocolates Jack, adoraban a los muñequitos de la cajita.
9. Se quejaban constantemente acerca de la falta de baños.
8. Siempre intentaban tiros especiales cuando apedreaban a alguien.
7. Cantaron «Un elefante se balanceaba sobre la tela de una araña» por veintiocho años seguidos.
6. No se conformaban con el maná.
5. Me decían una y otra vez que Charlton Heston era más apuesto que yo.
4. Me llamaban «MOI» constantemente.
3. No sabían organizar una fiesta civilizada.
2. Querían apurar los sacrificios usando un microondas.
1. Me traían mapas falsos que mostraban a Egipto como la tierra prometida.

Bueno, ya han llegado a la mitad del libro. ¡Ya habrían caminado por el desierto unos **veinte** años!

Los espero al final del capítulo seis.

ENTRANDO EN CALOR
RESPUESTAS

Primer acto
Páginas 168-169

1. Verdadero (2 S 13:1-6)
2. Falso (Gn 29:21-25)
3. Verdadero (1 R 20:37-38)
4. Verdadero (Mt 22:15-19)
5. Falso (1 S 28:8)
6. Falso (Gn 12:10-20)
7. (En realidad se llamaban los «Cerditos» del Music Hall de Samaria)
8. Verdadero (1 S 21:10-15)
9. Falso (Mr 6:14)
10. Falso (2 S 14:1-24)
11. Verdadero (Gn 27:6-41)
12. Verdadero (Jos 9:3-16)
13. Falso (1 R 14:1-6)
14. Falso (Mt 2:7-12)
15. Verdadero (2 Cr 35:22)
16. Verdadero (1 R 22:30-37)

Somos mujeres...
Páginas 170-173

1. Vasti (Est 1:10-12)
2. Damaris (Hch 17:34)
3. Miriam (Nm 12:1-16)
4. Merab (1 S 18:17-19)
5. Juana (Lc 8:3)
6. Abigail (1 S 25:42; 1 C. 2:16)
7. Ana (Lc 2:36-38)
8. Cozbí (Nm 25:15)
9. Febe (Ro 16:1)

10. Gómer (Os 1:1-3)
11. Cetura (Gn 25:1-2)
12. Elisabet (Lc 1:5-25, 57)
13. Rizpa (2 S 3:7; 21:8-14)
14. Mical (1 S 18:20-27)
15. Noemí (Rt 1:19-21)
16. Candace (Hch 8:27)
17. Zeres (Est 5:10)
18. Dina (Gn 34:1-2)
19. Ana (1 S 1:12-16)
20. Jocabed (Éx 6:20)
21. María (Jn 2:3)
22. Jezabel (2 R 9:30-37)
23. María Magdalena (Mt 28:1)
24. Loida (2 Ti 1:5)

Se trata de una vida (segunda parte)
Páginas 174-179

1. B. (1 Cr 26:7)
2. A (Ro 16:23)
3. D. (Gn 21:20)
4. B. (Hch 16:14)
5. D. (Neh 1:11)
6. A. (Gn 4:2)
7. C. (Flm 1:10-16)
8. C. (1 Cr 11:6)
9. B. (Mr 6:3)
10. B. (1 R 21:1)
11. D. (Mt 9:9)
12. A. (Gn 16:1)
13. D. (Hch 23:24)
14. D. (1 Cr 15:19)

15. A. (Gn 4:22)
16. B. (Mt 26:3)
17. A. (Jue 6:11)
18. D. (Jos 13:22)
19. D. (Hch 19:24)
20. C. (1 S 14:50)
21. C. (1 R 16:31)
22. A. (Est 1:10)

Mis dos hijos
Página 181

1. Si (Lc 15:12)
2. No (Lc 15.13)
3. No (Lc 15:14)
4. No (Fue eliminado)
5. Si (Lc 15:15)
6. Si (Lc 15:17-19)
7. No
8. No (Lc 15:20)
9. Si (Lc 15:22)
10. No (Lc 15:23)
11. Si (Lc 15:25-27)
12. No (Lc 15:28-32)
13. Si (Lc 15:29)
14. No
15. Si (Lc 15:30)
16. Si (Lc 15:32)
17. No
18. No

¿Me permite esta pieza?
Páginas 183-184

1. David (2 S 6:14-22)
2. La hija de Herodías (Mr 6:21-28)
3. Lamento (Sal 30:11)
4. Moisés (Éx 32:19)
5. Las mujeres de Israel (1 S 18: 6-7)
6. El hermano mayor del hijo pródigo (Lc 15:25)
7. Niños (Mt 11:16-17)
8. Jefté (Jue 11:34)
9. Endechar (Ec 3:4)
10. Benjamín (Jue 21:16-23)
11. Miriam (Éx 15:20-21)
12. Job (Job 21:7-12)
13. Los dos últimos: 149- 150 (Sal 149:3; 150:4)
14. Jeremías (Jer 31:4)

¡Hola, hombre apuesto!
Páginas 185-187

1. Vasti (Est 1:9-12)
2. Absalón (2 S 14:25)
3. Moisés (Hch 7:20; Heb 11:23; ver también Éx 2:2)
4. La Sulamita (Cnt 1:5; 6:13)
5. José (Gn 39:6-20)
6. Abisag (1 R 1:1-4)
7. Tamar (2 S 13:1-20)
8. Raquel (Gn 29:17)
9. Sansón (Jue 15:2)
10. Betsabé (2 S 11:1-5)
11. Mohammed Alí
12. Ester (Est 2:7)
13. Rebeca (Gn 24:15-16)
14. Job (Job 42:15) (Nota del autor: Se suponía que esa era su recompensa. Imagínate)

15. Abigail (1 S 25:3)
16. David (1 S 16:12-13)
17. Saray (Sara) (Gn 12:11-13; 20:2) Una historia similar ocurrió con Isaac y Rebeca en Génesis 26:7. Sin embargo el texto no especifica que Isaac comentó el asunto con Rebeca.

El club de las segundas esposas
Páginas 189-193

(Disculpa, si te equivocaste la primera vez, aquí no hay segundas oportunidades)

1. C. (1 S 25:42)
2. B. (Gn 25:1)
3. B. (Gn 4:19)
4. D. (Gn 29:16-30)
5. A. (Nm 12:1)
6. D. (Ro 7:1-3)
7. A. (Gn 36:2-3)
8. C. (Rt 4:10)
9. C, D. (1 Ti 5:14)
10. E. (Jue 14-16)
11. B. (1 S 1:2)
12. D. (2 S 14:27)
13. C. (1 R 3:1, 11:3)
14. B. (2 R 24:10-15)
15. A. (2 Cr 11:18-21)
16. B. (Est 1:12, 19; 2:1-4)
17. D. (Os 1:3; 3:1-3)
18. C, E. (1 Ti 3:1-2, 8, 12)

En familia

Páginas 194-195

1. Falso (Rt 4:17)
2. Verdadero (Heb 7:1-3)
3. Verdadero (Jn 11:1-2)
4. Verdadero (Gn 5:21)
5. Verdadero (2 R 24:17)
6. Falso (Gn 14:12)
7. Verdadero (2 S 3:2-3; 12:24)
8. Falso (2 Ti 1:5)
9. Falso (Mt 1:15-16)
10. Verdadero (Jue 8:30)
11. Verdadero (Gn 35:18)
12. Verdadero (Éx 3:1)
13. Falso (Jer 52:10)
14. Falso (Mr 3:17)
15. (Aunque según Ezequiel 3:9 la frente del profeta era de piedra)
16. Verdadero (Dn 1:6)
17. Verdadero (Est 2:7)
18. Verdadero (Gn 43:29-34; 44:20)
19. Falso (Mt 20:20-21)
20. Verdadero (Lc 1:36)

6

CORRE COMO EL VIENTO, ¡RELÁMPAGO!

CUEVAS, TUMBAS, TRUHANES, ESCLAVOS, OLAS

Cada una de estas frases cae en una de estas categorías. ¡Mantente en guardia!

1. _____ encontró cinco reyes enemigos en una cueva en Maceda. Los mató y enterró allí mismo.

2. La tumba de Abraham y Sara fue la cueva de

   _____.

3. Este truhán llamado _____ quería destruir al pueblo judío, pero su plan fue desarmado. Fue colgado en una horca que él mismo había diseñado para su peor enemigo.

4. En su epístola a Filemón, Pablo habla del regreso de un esclavo llamado _____.

5. Cuando una tempestad trajo grandes olas amenazantes, la tripulación del barco en el que iba _____, lo tiró al agua.

6. Según el apóstol Juan, cuando se abrió el _____ sello, los reyes y poderosos se escondieron en las cuevas y montañas.

7. En su profecía acerca del Mesías, _____ dijo: «Se le asignó un sepulcro con los malvados».

8. Según el relato de Mateo, cuando Judas fue con los principales sacerdotes a arrestar a Jesús, él le dijo: «_____... ¿a qué vienes?».

9. _____ fue vendido a los Ismaelitas como esclavo por veinte piezas de plata.

10. Luego de una tempestad en el Mar Adriático, Pablo y otras 275 personas se refugiaron en la isla de _____. (¡Ningún Gilligan allí!)

11. Cuando David se escondía en la cueva de _____ sus familiares vinieron a visitarlo.

12. Mientras que los cuatro Evangelios relatan que José de Arimatea preparó el cuerpo de Jesús y lo puso en una tumba, Juan agrega que _____ también le ayudó.

13. _____ y _____ engañaron a los apóstoles acerca de los procedimientos en cuanto a la venta de una propiedad, lo que les costó la vida.

14. El profeta Joel acusa a las ciudades de _____ y _____ de vender a los de Judá y Jerusalén como esclavos a los griegos.

15. _____ se refiere a los falsos maestros que «siguieron el camino de Caín» y son «violentas olas del mar, que arrojan la espuma de sus actos vergonzosos».

16. Cuando el rey Saúl entró en la cueva en Engadi para hacer sus necesidades, David (que estaba escondido allí) _____ de su manto.

17. Según Números 19:16 cualquiera que tocara un sepulcro sería inmundo por _____ días.

18. A este rey truhán su pueblo le pidió que les aliviase la carga, pero en cambio el rey _____ dijo que si su padre les había hecho duro su yugo, él se los haría más pesado.

19. Si un hombre golpeaba a su esclavo en un ojo o le hacía perder un diente, la compensación por ello era

    _____.

20. Dios le dijo a _____: «¿Dónde estabas cuando puse las bases de la tierra?... ¿O cuando dije: "Solo hasta aquí puedes llegar; de aquí no pasarán tus orgullosas olas"?».

Espero que te haya gustado esta sección. Las respuestas están en la cueva de la página 242.

¡AY! (SEGUNDA PARTE)

(Las maneras más raras y dolorosas de morir)

Une a estas almas desafortunadas con la manera en que murieron.

Jezabel	Dos compañías de 51 hombres
Goliat	Absalón
Hijo mayor de Mesá, rey de Moab	Sansón
Nadab y Abiú	Esteban
James Dean	Zimri y Cozbí
Amán	Abner
Joran	Zacarías
Juan el Bautista	Un «hombre de Dios»
Ocozías	Eglón
Jamor y Siquén	Ajitofel
Acab	

1. Esta persona murió de un flechazo entre los hombros.
   Respuesta: _____

2. Joab lo apuñaló en su vientre.
   Respuesta: _____

3. Fueron quemados vivos por su desobediencia.
   Respuesta: _____

4. Mientras era apedreado, Saulo (Pablo) permanecía parado allí consintiendo todo.
   Respuesta: _____

5. La arrojaron por la ventana, fue pisoteada y comida por los perros.
   Respuesta: _____

6. Luego de ser engañado por un profeta sin escrúpulos, fue atacado por un león.
   Respuesta: _____

7. Fue atacado por diez hombres, cuando enredado por sus cabellos quedó suspendido de un árbol.
   Respuesta: _____

8. Fue ofrecido como sacrificio humano.
   Respuesta: _____

9. Puso su casa en orden y luego se ahorcó.
   Respuesta: _____

10. Fue decapitado a pedido de una jovencita.
    Respuesta: _____

11. Fueron alanceados.
    Respuesta: _____

12. Murió en un accidente automovilístico.
    Respuesta: _____

13. Después de su circuncisión, llegaron las espadas.
    Respuesta: _____

14. Fue aplastado por un edificio que se derrumbó.
    Respuesta: _____

15. Fue apedreado en el atrio del templo.
    Respuesta: _____

16. Cayó por la ventana del piso superior de su palacio.
    Respuesta: _____

17. Murió de un piedrazo en la cabeza, atacado por un rival bastante más pequeño que él.

Respuesta: _____

18. Fue ejecutado en una horca de tamaño inusual, que él había construido para otra persona.

Respuesta: _____

19. Este rey moabita, que era obeso, fue apuñalado por un zurdo, que traía una gran espada.

Respuesta: _____

20. Consumidos por fuego del cielo luego de una conversación con Elías.

Respuesta: _____

21. Muerto de un flechazo en batalla.

Respuesta: _____

Ahora, con mucho cuidado, puedes ir a la página 242 por las respuestas.

¡H2-OH, OH!

Déjate llevar por la corriente y ve cuántas de estas preguntas fluidas y mojadas puedes responder. (Advertencia: Algunas pueden ser difíciles de tragar.)

1. Este cuerpo de agua era el borde occidental de la tierra prometida. (Canaán)

   A. El río Nilo
   B. El Mar Grande (Mediterráneo)
   C. El Mar Salado (Mar Muerto)
   D. El Mar de Quinéret (Galilea)
   E. El Lago Titicaca

2. «¿Ves a esta mujer? Cuando entré en tu casa, no me diste agua para los pies, pero ella me ha bañado los pies en lágrimas y me los ha secado con sus cabellos.» ¿A quién le estaba hablando Jesús cuando dijo estas palabras?

   A. Zaqueo
   B. Pedro y Juan
   C. Poncio Pilato
   D. Simón el fariseo

3. En el último capítulo de su libro, Daniel ve dos hombres en las distintas orillas del río. ¿Qué vestimenta lleva el varón que estaba sobre las aguas del río?

   A. Ninguna
   B. Una ropa teñida en sangre
   C. Lino
   D. Una túnica dorada

4. La primera vez que aparece el agua en la Biblia es en

A. Génesis 1:1
B. Génesis 1:2
C. Génesis 1:3
D. Génesis 1:4
E. Génesis 1:5

5. En el Salmo 18, ¿Qué dice David que sucedió justo antes de que las cuencas del mar quedaran a la vista y se descubriesen los cimientos de la tierra?

A. El Señor lanzó sus flechas y dispersó a sus enemigos.
B. Dios dividió los antiguos océanos con su Palabra.
C. Las aguas profundas se agitaron implacablemente.
D. Un tornado, luego del cual la casa de una pequeña niña aterrizó sobre una malvada bruja y formó un coro de personas pequeñas.

6. ¿Dónde bautizaba Juan el Bautista al comienzo del Evangelio de Mateo?

A. El mar de Galilea
B. El Torrente de Cedrón
C. Un pequeño lago cerca de Samaria
D. El Río Jordán
E. Su jacuzzi

7. Isaías dijo: «Secará el Señor el golfo del _____».

A. Mar de Egipto
B. Río Éufrates
C. Mar Salado
D. Antiguo río del Edén
E. Monstruo del Lago Ness

8. Cuando la segunda trompeta suena en Apocalipsis 8, ¿Qué porción del mar se convierte en sangre?

    A. Todo
    B. La mitad
    C. Un tercio
    D. Dos tercios

9. En Proverbios 18 Salomón dice: «_____ son aguas profundas».

    A. Las sonrisas de la mala mujer.
    B. Los caminos ocultos de la sabiduría
    C. Las palabras del hombre
    D. Los caminos del rey justo
    E. Los lugares con carteles que dicen: «Nade bajo su propia responsabilidad».

10. ¿Qué cuerpo de agua dividió Dios en Josué 3?

    A. El mar Rojo
    B. El mar Salado
    C. El mar de Quinéret
    D. El Río Jordán

11. ¿Qué profeta dijo: «A este pueblo le daré a comer ajenjo y a beber agua envenenada».

    A. Sofonías
    B. Jeremías
    C. Isaías
    D. Ezequiel
    E. Miqueas

12. Cuando Nahum dijo que el Señor «Increpa al mar y lo seca;

hace que todos los ríos se evaporen», estaba predicando contra:

A. Nínive
B. Judá
C. Tiro y Sidón
D. Los jet skis

13. «De aquel que cree en mí, como dice la Escritura, brotarán ríos de agua viva.» ¿Dónde estaba Jesús al decir esto?

A. En el Monte de los Olivos
B. En la sinagoga
C. En una fiesta judía
D. En la cruz

14. En el libro de Job, ¿quién utilizó la analogía del agua que desaparece del mar, o de un río que se seca para simbolizar la muerte humana?

A. Elifaz
B. Zofar
C. Bildad
D. Job
E. La esposa de Job

15. Luego de escuchar la voz de un ángel del cielo, Dios le mostró una fuente de agua en el desierto.

A. María
B. Agar
C. Sara
D. Rebeca

16. En Mateo 3, Juan el Bautista dijo: «Yo los bautizo a ustedes

con agua... Pero el que viene después de mí es más poderoso que yo,... Él los bautizará con_____».

A. Sangre y sufrimiento
B. Truenos y Rayos
C. Agua viva y el Espíritu Santo
D. El Espíritu Santo y fuego
E. Ninguna de las anteriores

17. ¿Qué autor de la Biblia se refiere a los falsos maestros
como nubes sin lluvia?

A. Moisés
B. Judas
C. Pablo
D. Pedro
E. Un meteorólogo amigo de Noé que había predicho sol
y sequía para los siguientes cuarenta días.

18. Según el relato de Juan, lo más probable es que Jesús haya
caminado sobre:

A. El mar de Galilea
B. El lago llamado Genesaret
C. La zona norte del Mar Muerto
D. Una parte del Río Jordán

19. ¿Qué profeta menor escribió lo siguiente? «¿Te enojaste, oh
Señor, con los ríos? ¿Estuviste airado contra las corrientes?
¿Tan enfurecido estabas contra el mar que cabalgaste en
tus caballos y montaste en tus carros victoriosos?»

A. Oseas
B. Hageo
C. Habacuc

D. Malaquías

20. Según el Salmo 104 ¿Qué afirma el Señor sobre las aguas?
    A. Las grandes criaturas del mar
    B. Las sombras de las grandes montañas
    C. Las basas de su trono
    D. Sus altos aposentos

21. Según las palabras de Jesús en Mateo 10: «Y quien dé si-
    quiera un vaso de agua fresca a uno de estos _____
    por tratarse de uno de mis _____, les aseguro que no
    perderá su recompensa».

    A. Samaritanos /seguidores
    B. Pecadores/ amigos
    C. Prójimos/adoradores
    D. Pequeños/ discípulos
    E. Golfistas /Caddies

Espero que estas preguntas no te hayan ahogado. De todas formas, si quieres bucear entre las respuestas ve a la página 243.

Ya que estamos hablando de agua, te dejo las:

DIEZ RAZONES POR LAS QUE ISAAC CAVÓ POZOS DE AGUA EN EL VALLE (GN 26:15-33)

10. Nunca podía decirle que no a alguien que preguntaba: «¿Puedes cavarlo?»
9. Se sentía más cómodo entre los pozos.
8. Se le había ocurrido comercializar el agua en botellas deportivas.
7. También los usaba para practicar golf.
6. El agua del Mar Rojo sabía como Coca Cola vieja.
5. Los vaqueros necesitaban llenar las cantimploras.
4. Esperaba hallar petróleo.
3. Quería probar su bomba sumergible a energía solar.
2. Era parte de su programa de ejercicios físicos.
1. Quería arrojar una moneda y pedir un deseo.

LÁGRIMAS

Para ayudarte en cuanto a estas preguntas sobre las lágrimas, te daré la cantidad exacta de letras para cada nombre o palabra. (Como en el «ahorcado». Parece que volvemos a primer grado por un momento.)

1. «_____, por su parte, subió al monte de los Olivos llorando,... También todos los que lo acompañaban se cubrieron la cabeza y subieron llorando.»

2. «— ¿Por qué lloran? ¡Me parten el alma! —respondió_____—.»

3. «Él les enjugará toda lágrima de los ojos. Ya no habrá _____, ni llanto, ni lamento ni dolor...»

4. «Entonces la esposa de_____ se tiró sobre él llorando, y le dijo: —¡Me odias! ¡En realidad no me amas!»

5. «..._____ ofreció oraciones y súplicas con fuerte clamor y lágrimas al que podía salvarlo de la muerte, y fue escuchado por su reverente sumisión.»

6. Jesús lloró ante la tumba de su amigo _____.

7. «... toda la noche inundo de lágrimas mi cama, ¡mi _____ empapo con mi llanto!»

8. «Luego _____ volvió a interceder ante el rey. Se echó a sus pies y, con lágrimas en los ojos, le suplicó que pusiera fin al malvado plan...»

9. «Pero a los súbditos del reino se les echará afuera, a la oscuridad, donde habrá llanto y _____ de _____.»

10. Cuando escuchó acerca de la condición de Jerusalén y de los sobrevivientes del cautiverio _____ se sentó y lloró y estuvo de luto por varios días.

11. Al escuchar de parte del profeta _____ que pronto iba a morir, el rey Ezequías oró al Señor y lloró amargamente.

12. Luego de decirle a la madre de un joven que había muerto que no llorase, Jesús tocó el _____ y le ordenó al muchacho que se levante.

13. Tiempo de llorar y tiempo de _____.

14. «Mientras _____ oraba y hacía esta confesión llorando y postrándose delante del templo de Dios, a su alrededor se reunió una gran asamblea de hombres, mujeres y niños del pueblo de Israel. Toda la multitud lloraba amargamente.»

15. Luego de negar a Jesús por tercera vez Pedro escuchó el sonido del _____ y recordó lo que el Señor le había dicho. Luego lloró amargamente.

16. Las instrucciones de Pablo a los romanos incluían _____ con los que están _____ y lloren con los que lloran.

17. «Al escuchar _____ las palabras de su padre, lanzó un grito aterrador y, lleno de amargura...»

18. «Por lo cual lamentaré con lloro de Jazer por la viña de
    _____...» (¡Éxitos!)

19. «Y lloraba yo mucho, porque no se había hallado a ningu-
    no _____ de abrir el _____, ni de leerlo, ni
    de mirarlo.»

¿No pudiste resolverlas todas? ¡No llores! Las respuestas están
en la página 244. (Está bien, puedes sollozar mientras las lees.)

¿SABES LOS MANDAMIENTOS?

¡Oh, no! Creo que el secretario o la secretaria de Moisés tomaron una siesta mientras él les dictaba los mandamientos que iban a ser impresos para las multitudes. En esta versión hay algunas correcciones o ediciones que deberás hacer antes de que Moisés pueda mandarlos a imprimir. Espero que puedas encontrar los errores y hacer las enmiendas necesarias. (Nota: el error podría ser un agregado, una omisión o una inexactitud **significantes**. ¡Éxitos!)

1. Yo soy el SEÑOR tu Dios. Yo te saqué de Israel, del país donde eras esclavo. No tengas otros dioses además de mí.

2. No te hagas ningún ídolo, ni nada que guarde semejanza con lo que hay arriba en el cielo, ni con lo que hay abajo en la tierra, ni con lo que hay en las aguas debajo de la tierra. No te inclines delante de ellos ni los adores. No los pondrás en las Puertas de Sion.

3. No pronuncies el nombre del Señor tu Dios a la ligera, pues el día en que lo hagas ciertamente morirás.

4. Acuérdate del sábado para consagrarlo. Trabaja cinco días, y haz en ellos todo lo que tengas que hacer. El sexto día es para mirar dibujos animados y cortar el césped, pero el día séptimo será un día de reposo para honrar al Señor tu Dios. No hagas en ese día ningún trabajo, ni tampoco tu hijo, ni tu hija, ni tu esclavo, ni tu esclava, ni tus animales, los extranjeros que vivan en tus ciudades pueden trabajar en el día de reposo.

5. Honra a tu padre y a tu madre, para que disfruten de una larga vida en la tierra que te da el Señor tu Dios.

6. No mates, excepto cuando estás matando el tiempo.

7. No cometas adulterio.

8. No robes para cometer adulterio.

9. No des falso testimonio.

10. No codicies la casa de tu prójimo: No codicies su esposa, ni su esclavo, ni su esclava, ni su buey, ni su automóvil, ni nada que le pertenezca.

11. Sospecha de todo lo que leas, en especial de los libros de ejercicios de conocimiento bíblico. Nunca grabes sus palabras sobre piedras.

Me pregunto si los escribas de Moisés habrán tenido corrector líquido para errores grabados en piedra. «Roca líquida» quizás. Ahora ve a la página 244 por tus respuestas, y seguramente apreciarás más que antes la labor de los editores.

CON ALAS

¡Hola nuevamente! Abre tus alas y ve cómo puedes resolver estas preguntas angelicales. ¿Que cómo estoy yo? Pues vengo volando desde Chicago y mis alas están bastante cansadas.

1. Un ángel del Señor habló a Felipe y le instruyó a ir:

   A. Hacia el sur rumbo a Samaria
   B. Hacia el sur por el camino que va a Gaza
   C. Hacia el este en el camino de Emaús que va hacia Jericó
   D. Con Pablo a Tesalónica

2. Un ángel apareció a Jesús y lo fortalecía justo después de:

   A. Que fuese llevado ante Pilato
   B. Que echase a los cambistas del templo
   C. Caminar sobre el mar
   D. Orar en el Monte de los Olivos

3. Este profeta fue tocado en sus labios con un carbón encendido traído por un ángel.

   A. Isaías
   B. Jeremías
   C. Ezequiel
   D. Zacarías
   E. «Labios calientes» Habacuc

4. Jacob habló de un sueño que tuvo acerca del ángel de Dios, quien le llamó la atención acerca de:

   A. La venida de un ejército egipcio
   B. La cercana muerte de su esposa, Raquel
   C. La importancia de circuncidar a sus esclavos

D. Sus posesiones, y la necesidad de volver a su padre, Isaac.

5. Hechos 10 menciona a un hombre llamado Cornelio, a quien en una visión un ángel le dijo que mandara a llamar a:

A. Saulo
B. Simón (Pedro)
C. Felipe
D. Lucas

6. El apóstol Juan ve cuatro ángeles parados en los cuatro ángulos de la tierra. ¿Qué están sosteniendo?

A. Cuatro diademas (coronas)
B. Cuatro sellos
C. Los cuatro vientos
D. Cuatro trompetas
E. Una barbacoa

7. Todas las siguientes personas, menos una, fueron instruidas por ángeles en cómo llamar a sus futuros hijos. ¿Quién no lo fue?

A. Una hija de Leví que fue la madre de Moisés
B. Agar, madre de Ismael
C. Zacarías, padre de Juan el Bautista
D. María, madre de Jesús

8. Un ángel del Señor intervino justo a tiempo y salvó su vida.

A. Jacob
B. Eliseo
C. Isaac
D. Esteban

E. Ninguno de los anteriores

9. ¿Qué cosa hizo un ángel a favor de Pedro?

   A. Sano su oreja cuando fue cortada en el arresto de Jesús
   B. Le alimentó de un lienzo enorme que descendía conteniendo todo tipo de animales
   C. Le permitió caminar sobre el agua hacia Jesús
   D. Lo sacó de la cárcel
   E. Le compró un localizador de peces

10. Un ángel del Señor entre los arrayanes, un varón con un cordel de medir, y el sacerdote Josué acusado por Satanás. ¿En qué profecía se encuentran? En la de:

    A. Sofonías
    B. Nahum
    C. Malaquías
    D. Zacarías
    E. Hageo

11. No todos los ángeles de la Biblia son buenos. Apocalipsis 9:11 menciona a este como el ángel del abismo.

    A. Lucifer
    B. Abadón
    C. Mefistófeles
    D. Beelzebú
    E. Moloc

12. Este rey, por algo que podría inferirse como blasfemia, fue atacado por un ángel, lo que lo llevó a la muerte.

    A. Herodes
    B. Joás

C. Agripa

D. Salomón

E. El rey león

13. Cuando el ángel luchó con Jacob, le tocó en el muslo. ¿Qué sucedió por eso?

A. Su pierna estuvo paralizada siete días

B. Su muslo llevó la marca de Dios para siempre

C. Jacob le pidió al ángel que lo bendijese

D. El ángel cambió su nombre por Israel

E. Todas las anteriores

F. Solamente C y D son correctas

14. ¿Qué ángel fue enviado para ayudar a Daniel a comprender su visión acerca del carnero, el macho cabrío y el cuerno pequeño?

A. El arcángel Miguel

B. El Anciano de días

C. Gabriel

D. Apolión

15. Mateo es el único Evangelio que menciona que un ángel llevó a cabo una de las siguientes acciones:

A. Ministró a Jesús mientras estaba en la cruz

B. Apareció a los discípulos en el aposento alto inmediatamente después de la crucifixión

C. Removió la piedra que cubría la tumba de Jesús

D. Rasgó el velo del templo en dos en el momento en que Jesús murió

16. Según Judas, el arcángel Miguel discutió con alguien por el cuerpo de Moisés ¿Con quién?

A. Pedro
B. El diablo
C. Gabriel
D. David
E. El agente funerario de la casa velatoria de Jerusalén

17. ¿Qué ángeles dijo Jesús que siempre ven el rostro de su Padre en los cielos?

A. Aquellos que resistieron la rebelión de Satanás
B. Aquellos que cuidan de los niños
C. Aquellos que cuidan de los pobres y oprimidos
D. Los ángeles de misericordia

18. Cuando los hombres de Sodoma llegaron a la casa de Lot queriendo acosar a sus huéspedes angelicales, ¿Cómo fueron detenidos?

A. Los ángeles mataron a cuatro de ellos, y el resto huyó
B. Salieron a los hombres, y les hirieron para que los perpetradores no pudieran moverse
C. La tierra se abrió debajo de ellos y los tragó
D. Los ángeles hirieron a todos con ceguera
E. Obligaron a los hombres a someterse a consejería

19. Según 2 Reyes 19, ¿Cuántos soldados asirios fueron atacados por el ángel del Señor en una noche?

A. 185.000
B. 40.000
C. 345.000
D. 70.000
E. Ninguno, los ángeles no son violentos

20. Mientras estaba a bordo de un barco rumbo a Italia, un

ángel se le apareció a Pablo en un sueño. ¿Cuáles son las dos cosas que el ángel le dijo?

A. Que debían volverse a Sidón
B. Que Pablo debía comparecer ante César
C. Que todos los hombres a bordo morirían
D. Que todos los hombres a bordo sobrevivirían
E. Que todos debían comer

Bueno, Hechos 27, náufragos en una isla. ¿Te imaginas cantar esta canción con la vieja tonada de la Isla de Gilligan?

La isla de Pablo

A Hechos ve y encontrarás
A un Pablo sin igual.
Cautivo en barco a navegar
para a Italia llegar.

Por Licia pasaron y allí
A otro barco fue,
La nave alejandrina
Que naufragaría después

El viento muy contrario fue
Y Pablo lo advirtió.
Pero nadie lo escuchó
Y así se naufragó.

Llegó el ciclón y
Todo el bagaje fue al mar
Un ángel dijo a Pablo
Todos se van a salvar.

Su peaje allí el mar cobró
Y el barco destruyó
En tablas a la playa
Nadó la tripulación

A Malta llegaron al fin
Mojados de una vez
Allí milagros Dios obró
La isla de Pablo es

DIEZ COSAS QUE NO FUNCIONABAN BIEN INMEDIATAMENTE DESPUÉS DEL DILUVIO

10. El sistema de drenajes.
9. La televisión por cable.
8. Las fotocopiadoras.
7. Las máquinas de cortar césped.
6. Los subterráneos.
5. Las cadenas de cartas.
4. Los petardos.
3. Los pañuelos de papel.
2. Los códigos postales.
1. Las personas que no estaban en el arca.

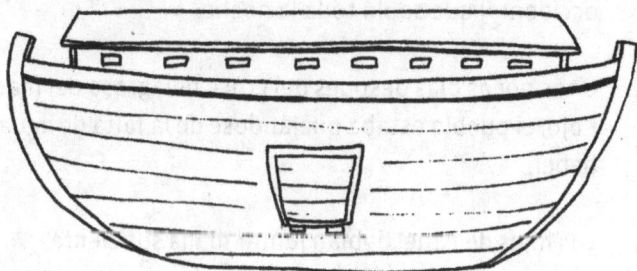

ASÍ SE HACE, MOI (SEGUNDA PARTE)

Y ahora continuemos con la historia de Moisés, un hombre que siempre tiene la pava en el fuego, porque nunca sabe qué está por cocinar. (Recuerda colocar verdadero / falso)

___ 1. Luego de que los Israelitas dejaron Egipto, Faraón decidió perseguirlos con todos los carros de Egipto.

___ 2. Antes de abrir el mar Rojo, el ángel del Señor que iba delante del campamento de Israel se movió hacia atrás del campamento.

___ 3. Dios dividió las aguas del mar utilizando un fuerte viento occidental que sopló toda la noche.

___ 4. Unos pocos días después del cruce milagroso del mar Rojo, el pueblo estaba quejándose de la falta de agua para beber.

___ 5. Los hijos de Israel debían juntar maná suficiente para cada uno, y además una porción para la mañana siguiente.

___ 6. Durante una batalla contra Amalec, el ejército de Aarón peleó mientras Josué y Jur sostenían en alto los brazos de Moisés para asegurarse la victoria.

___ 7. Jetro, el suegro de Moisés, lo convenció para que nombre jueces entre el pueblo.

___ 8. Antes de darle los diez mandamientos, Dios le dijo a Moisés que si alguien tocaba el monte debía morir.

___ 9. El último mandamiento que Dios dio era acerca de la codicia.

___ 10. Luego que Dios le entregara los diez mandamientos a Moisés, el pueblo se quejó porque querían que Dios les hablara directamente.

___ 11. Los israelitas debían dejar descansar sus campos cada cinco años.

___ 12. Las cortinas que cubrían el tabernáculo debían ser tejidas con cabello donado por siete vírgenes jóvenes.

___ 13. El Urim y Tumim eran dos ítems que Aarón llevaba en su pectoral cuando entraba al Lugar Santísimo.

___ 14. Los Israelitas debían pagar un impuesto durante un censo, y el costo era el mismo para los ricos como para los pobres.

___ 15. Dios quería destruir a los Israelitas por crear un becerro de oro como ídolo, pero Moisés le pidió que no lo hiciese.

___ 16. Moisés quiso ver la gloria de Dios, pero Dios dijo que nadie podía ver su rostro y vivir.

___ 17. La fiesta de las semanas debía ser celebrada cuando se plantaba el trigo.

___ 18. El candelero en el tabernáculo era de plata y madera de acacia.

___ 19. Luego de que el tabernáculo fue terminado, Dios instruyó a Moisés a que trajera a Josué a la entrada y lo ungiera con agua.

___ 20. En una oportunidad, Moisés no pudo entrar al tabernáculo porque la nube lo estaba llenando.

Eso es todo lo que tenemos sobre Moisés por el momento, pero supongo que más sobre él aparecerá milagrosamente antes de que termines este libro. Así que, toma tu vara, y dile al pueblo las respuestas que encuentras en la página 246.

LOS ISRAELITAS ERAN UNA FUENTE DE DESAFÍOS CONSTANTES PARA MOISÉS.

EL FUNDADOR DE IGLESIAS

Como los ascensoristas de los grandes edificios, Pablo, el mayor fundador de iglesias que conocemos en la Biblia, tuvo sus idas y venidas. Y como todos sabemos, las personas a veces pueden volvernos locos. Veamos si puedes unir las iglesias de la lista con las descripciones correctas.

Macedonia	Filipos	Iconio	Éfeso	Antioquia
Listra	Roma	Chipre	Colosas	Galacia
Siria y Cilicia	Corinto	Tesalónica	Salamina	

1. En esta iglesia, Pablo y Bernabé se dedicaron a proclamar el Evangelio.
   Respuesta: _____

2. Aquí, Bernabé era llamado Zeus, y a Pablo le decían Hermes.
   Respuesta: _____

3. El pueblo de esta ciudad estaba dividido. Algunos estaban de acuerdo con los apóstoles, otros con los judíos.
   Respuesta: _____

4. En su carta a esta iglesia, Pablo les dice que eran insensatos y pregunta quién los había engañado.
   Respuesta: _____

5. En esta ciudad Pablo expulsó un espíritu malo de una joven. Luego él alabó a esta iglesia por ser la única que lo sostuvo económicamente en un tiempo.
   Respuesta: _____

6. Barjesús, también conocido como Elimas, el mago, le dio trabajo a Pablo en esta ciudad.
   Respuesta: _____

7. Pablo y sus compañeros fueron a ese lugar luego de que Pablo soñara que un hombre de esta región les pedía ayuda.
   Respuesta: _____

8. Luego de una discusión acalorada acerca de Juan Marcos, Pablo y Bernabé se separaron y Pablo se llevó a Silas para fortalecer a las iglesias de...
   Respuesta: _____

9. Pablo envió una carta a esta iglesia, pero no sabemos con seguridad si alguna vez la visitó.
   Respuesta: _____

10. Pablo se quedó allí por un año y medio, trabajando con Aquila, Priscila, Tito, Justo y Crispo.
    Respuesta: _____

11. Al llegar Pablo allí, fue custodiado por un soldado y alquiló una casa por dos años.
    Respuesta: _____

12. Pablo rapó su cabeza justo antes de llegar a ese lugar. Se quedó un corto tiempo, pero luego retornó y tuvo una disputa con un platero llamado Demetrio.
    Respuesta: _____

13. Cuando los judíos de la ciudad se enojaron contra la predicación de Pablo, atacaron a su huésped, un hombre llamado Jasón.
    Respuesta: _____

14. Y ahora, una pregunta especial para entrenar tu cerebro: En su segunda carta a Timoteo, Pablo menciona tres ciudades en las que padeció persecución. Las tres aparecen en la lista anterior, y has usado cada una de ellas. (Si no te equivocaste) ¡Inténtalo!
Respuesta: _____,
_____ y _____.

Las ciudades correctas las puedes ver en la página 247.

«Aquí Moisés nuevamente, para felicitarte por conquistar otro capítulo. Si ya estás cansado de estos juegos déjame que cuelgo esta serpiente en este poste y... ¡OH, NO! ¡Me ha mordido! Pero tú no eres venenosa. Bueno, debo ir por mi botiquín de primeros auxilios, pero aquí los dejo con alguien a quien yo llamo "El Rey León"; con ustedes, Daniel.» (Aplausos, aplausos!)

«Gracias, Moi... digo, Moisés. En realidad estoy un poco avergonzado, tenía algo preparado pero me lo olvidé en el foso de casa. Prepárense para el capítulo siete que tiene muchas cosas divertidas. Creo que lo harán muy bien... la escritura ya está en la pared. Nos vemos al final del próximo capítulo.»

CORRE COMO EL VIENTO, ¡RELÁMPAGO!
RESPUESTAS

Cuevas, tumbas, truhanes, esclavos, olas
Páginas 208-210

1. Josué (Jos 10:16-27)
2. Macpela (Gn 25:9)
3. Amán (Est.3:1; 7:10)
4. Onésimo (Filemón 10-16)
5. Jonás (Jon 1:11-15)
6. Sexto (Ap 6:12-15)
7. Isaías (Is 53:9)
8. Amigo (Mt 26:50)
9. José (Gn 37:28)
10. Malta (Hch.27:41; 28:1)
11. Adulán (1 S 22:1)
12. Nicodemo (Jn 19:38-42)
13. Ananías/Safira (Hch 5:1-11)
14. Tiro/Sidón (Jl 3:4-6)
15. Judas (Jud 11-13)
16. Cortó el borde (1 S 24:1-4)
17. Siete (Nm 19:16)
18. Roboan (1 R 12:14)
19. La libertad (Éx 21:26-27)
20. Job (Job 38:4, 11)

¡AY! (segunda parte)
Páginas 211-213

1. Jorán (2 R 9:24)
2. Abner (2 S 3:27)
3. Nadab/Abiú (Lv 10:1)
4. Esteban (Hch 7:58; 8:1)
5. Jezabel (2 R 9:30-37)
6. Un hombre de Dios (1 R 13:18-24)

7. Absalón (2 S 18:9-15)
8. El hijo mayor de Mesá, rey de Moab (2 R 3:27)
9. Ajitofel (2 S 17:23)
10. Juan el Bautista (Mt 14:1-12)
11. Zimri y Cozbí (Nm 25:7-8, 14-15)
12. James Dean
13. Jamor y Siquén (Gn 34:13-26)
14. Sansón (Jue 16:30)
15. Zacarías (2 Cr 24:20-22)
16. Ocozías (2 R 1:2, 17)
17. Goliat (1S 17:49)
18. Amán (Est 7: 9-10)
19. Eglón (Jue 3:16-22)
20. Dos compañías de 51 hombres (2 R 1:9-12)
21. Acab (1R 22:34-37)

¡H2-OH, OH!
Páginas 214-219

1. B. (Nm 34:6)
2. D. (Lc 7:36-37)
3. C. (Dn 12:6)
4. B. (Gn 1:2)
5. A. (Sal 18:14-15)
6. D. (Mr 1:5)
7. A. (Is 11:15)
8. C. (Ap 8:8)
9. C. (Pr 18:4)
10. D. (Jos 3:14-17)
11. B. (Jer 9:15)
12. A. (Nah 1:1-4)
13. C. (Jn.7:37-38)
14. D. (Job 14:11)

15. B. (Gn 21:14-19)
16. D. (Mt 3:11)
17. B. (Judas 12)
18. A. (Jn.6:1, 16-21)
19. C. (Hab 3:8)
20. D. (Sal 104:3)
21. D. (Mt 10:42)

Lágrimas
Páginas 221-223

1. David (2 S 15:30)
2. Pablo (Hch 21:13)
3. Muerte (Ap 21:4)
4. Sansón (Jue 14:16)
5. Jesús (Heb 5: 6-7)
6. Lázaro (Jn 11:14, 35-36)
7. Lecho (Sal 6:6)
8. Ester (Est 8:3)
9. Rechinar/Dientes (Mt 8:12)
10. Nehemías (Neh 1:1-4)
11. Isaías (2 R 20:1-3)
12. Féretro (Lc 7:13-14)
13. Reír (Ec 3:4)
14. Esdras (Esd 10:1)
15. Gallo (Mt 26:74-75)
16. Alégrense/alegres (Ro 12:15)
17. Esaú (Gn 27:34)
18. Sibma (Is 16:9) (Todo mi respeto si sabías esta)
19. Digno/ Rollo (Ap 5:4)

¿Sabes los mandamientos?
Páginas 224-225

1. Israel en lugar de Egipto
2. No los pondrás en las Puertas de Sión (Agregado)
3. Pues el día en que lo hagas ciertamente morirás (Agregado)
4. Para mirar dibujos animados y cortar el césped/ los extranjeros que vivan en tus ciudades pueden trabajar en el día de reposo (Agregado- Los extranjeros tampoco podían trabajar)
5. Disfrutes
6. Si, ya sé, lo de matar el tiempo es un agregado
7. Correcto
8. Para cometer adulterio (Agregado)
9. Correcto
10. Automóvil (en lugar de burro)
11. ¿?

Con alas
Páginas 226-232

1. B. (Hch 8:26)
2. D. (Lc 22:39-43)
3. A. (Is 6:6-7)
4. D. (Gn 31:11-13)
5. B. (Hch 10:1-5)
6. C. (Ap 7:1)
7. A. (Ex. 21:1-10) Agar, (Gn 16:1-12), Zacarías (Lc 1:5-13), María (Lc 1:26-33)
8. C. (Gn 22:9-13)
9. D. (Hch 12:3-10)
10. D. (Zac 1:8-9; 2:1-3; 3:1)
11. B. (Ap 9:11)
12. A. (Hch 12:21-23)
13. F. (Gn 32:24-32)

14. C. (Dn 8:16)
15. C. (Mt 28:1-2)
16. B. (Jud 9)
17. B. (Mt 18:10)
18. D. (Gn 19:1-11)
19. A. (2 R 19:35)
20. B, D. (Hch 27:24)

¡Así se hace, Moi! (Segunda parte)
Páginas 234-236

1. Verdadero (Éx 14:7)
2. Verdadero (Éx 14:19)
3. Falso (Éx 14:21)
4. Verdadero (Éx 15:22-24)
5. Falso (Éx 16:19)
6. Falso (Éx 17:8-13)
7. Verdadero (Éx 18:12-26)
8. Verdadero (Éx 19:12-13)
9. Verdadero (Éx 20:17)
10. Falso (Éx 20:19)
11. Falso (Éx 23:10-11)
12. Falso (Éx 26:7)
13. Verdadero (Éx 28:29-30)
14. Verdadero (Éx 30:11-16)
15. Verdadero (Éx 32:9-14)
16. Verdadero (Éx 33:20)
17. Falso (Éx 34:22)
18. Falso (Éx 37:17)
19. Falso (Éx 40:12)
20. Verdadero (Éx 40:34-35)

El fundador de iglesias
Páginas 237-239

1. Antioquía (Hch 13:1-3)
2. Listra (Hch 14:11-12)
3. Iconio (Hch 14:4)
4. Galacia (Gá 3:1)
5. Filipos (Hch 16:16- 18; Fil 4:15)
6. Salamina (Hch 13:4-6)
7. Macedonia (Hch 16:9-10)
8. Siria, Cilicia (Hch 15:39-41)
9. Colosas (Col 1:2; 2:1)
10. Corinto (Hch 18:1-3, 7-11)
11. Roma (Hch 28:16, 30)
12. Éfeso (Hch 18:18-21; 19:1, 23-41)
13. Tesalónica (Hch 17:5-9)
14. Antioquía, Iconio, Listra (2 Ti 3:11)

A TODA MÁQUINA

(¡Eso significa, muéstrame más **intensidad**!)

UN COMIENZO CABELLUDO

Las siguientes preguntas de opción múltiple se relacionan todas con el cabello. Fíjate si puedes peinar alguna de ellas.

1. ¿Cuál de las siguientes oraciones representa mejor el relato bíblico acerca del cabello de Sansón?

   A. Cuando Sansón era un niño pequeño, un ángel se le apareció y le ordenó no cortarse el cabello.
   B. Un ángel apareció a su madre y le dijo que ella tendría un niño y que nunca debería dejar que su cabello fuera cortado.
   C. A los trece años, Abdón circuncidó a Sansón, y él hizo un voto: nunca cortaría su cabello.
   D. Sansón se hizo nazareo en su juventud, y ese voto no le permitía cortar su cabello jamás.
   E. Sansón se dejó crecer el cabello luego de ver a los Beatles en el show de Ed Sullivan.

2. Pablo escribió a los cristianos corintios que si un hombre deja crecer su cabello:

   A. Eso es una abominación a Dios
   B. Le da gloria a Dios
   C. Es de tropiezo al hermano más débil
   D. Es una verguenza

3. En Levítico 19, Moisés prohíbe que los hombres hebreos corten:

   A. El cabello en redondo y se despunten la barba
   B. El vello facial

C. Cualquier cabello que crezca en su cuerpo

D. El cabello de sus mujeres

E. Las velas de sus yates

4. Lucas cuenta la historia de una mujer que lavó los pies de Jesús con sus lágrimas y los secó con sus cabellos. ¿Cuándo ocurrió esto?

A. En el templo de Jerusalén

B. En casa de un fariseo

C. Junto al mar de Galilea

D. En el funeral de Lázaro

5. Proverbios 16:31 dice que las canas son:

A. Dignas de ser respetadas por las naciones

B. Como un diamante

C. Corona honrosa

D. Adorno de sabiduría

E. Inevitables si tienes hijos

6. En su primera carta a Timoteo, Pablo sugiere que las mujeres no deben hacer algo con su cabello. ¿Qué es?

A. Galonarlo

B. Cortarlo

C. Cubrirlo

D. Teñirlo

E. Tomárselo a alguien

7. Absalón cortó su cabello cuando este se tornó demasiado pesado para él. La Biblia dice que luego de que lo cortó:

A. Lo canjeó por oro con unos adivinos

B. Les dio porciones de su cabello a sus admiradoras

C. Lo bendijo y lo echó al viento

D. Lo pesó

8. Isaías dice que el Señor usará a esta persona como una navaja para afeitar las cabezas, pies y barbas de los hombres israelitas.

    A. Satanás
    B. Ciro, rey de Persia
    C. El rey de Asiria
    D. El rey Uzías
    E. Un escritor afilado

9. Jesús les dijo a sus discípulos que sus cabellos:

    A. Eran insignificantes para el Padre
    B. Estaban contados
    C. Se estaban tornando canosos
    D. Serían renacidos en la resurrección

10. Elifaz temanita, el amigo de Job, dijo temer hasta que el cabello se le erizaba. ¿Qué era lo que lo atemorizaba?

    A. Un ladrón que amenazaba con matarlo
    B. Un espíritu que pasaba por delante de él
    C. La noticia del golpe satánico contra la familia de Job
    D. Una visión de esqueletos en un valle
    E. Una demanda para margen adicional de parte de su operador financiero

11. ¿Por qué el autor de Esdras dice que él rasgó sus vestiduras y se arrancó cabello de su cabeza y de su barba?

    A. Porque los israelitas habían contraído matrimonio con personas no judías

B. Porque escuchó que el rey Darío había enviado soldados para matarlo
C. Porque los israelitas parecían desinteresados en la reconstrucción del templo en Jerusalén
D. Porque los sacerdotes no habían celebrado la Pascua, como Moisés lo había encomendado

12. El amante de Cantares dice que el cabello de su novia es como los rebaños de cabras que retozan en los montes de Galaad. ¿Cómo describe su cabellera en el capítulo 5?

A. Tan preciosa como la de Absalón
B. Como una corona, santa y real
C. Dorada y brillante como el sol
D. Ondulada y negra como un cuervo
E. Como la de Michael Jordan

13. Según Ezequiel, el soberano Señor dice que estas personas debían mantener su cabello corto, ni raparlo, ni dejarlo crecer demasiado. ¿A quiénes se refiere?

A. Los sacerdotes
B. Todos los hombres de Israel
C. Las mujeres
D. Los extranjeros y esclavos
E. Los soldados

14. La primera carta de Pablo a los corintios dice que si una mujer ora con su cabeza descubierta, deshonra:

A. Al Espíritu Santo
B. A su esposo
C. Al que es su cabeza
D. A Cristo resucitado

15. Moisés dijo que si una mujer atractiva era tomada como prisionera de guerra podía ser mantenida como esposa. ¿Qué se dice de su cabello?

   A. No debía ser cortado
   B. Debía raparse
   C. Debía ser trenzado para que se la distinguiera como cautiva
   D. Debía ser lavado por siete días como rito de purificación
   E. Debía ser cubierto durante un mes entero

16. Luego de que unos jóvenes lo burlaran de su calvicie, Eliseo los maldijo. ¿Qué sucedió después?

   A. Los jóvenes quedaron ciegos
   B. Un rayo cayó sobre ellos
   C. Los jóvenes de disculparon
   D. Fueron despedazados por dos osas

Bueno, has pasado otra parte de este desafío para erizar cabellos. Apresurémonos a ver las respuestas en la página 282.

Las segundas partes ya son parte de nuestra cultura. Como **Star Wars, Jurassic Park, Volver al Futuro** y hasta **Billy Jack** (Oh, oh, estoy revelando mi edad.) ¿Por qué entonces no copiar la tendencia? Aquí tienes la segunda parte de "¿Dónde has estado, amigo?" en el capítulo dos. Une la persona con el lugar que más se le asocia. Cuando termines te espera otra lista humorística. (¡Qué incentivo!)
Éxitos

¿DÓNDE HAS ESTADO, AMIGO?... EL REGRESO

Lugares:

Éfeso	Canaán	Egipto	Babilonia
Jerusalén	Siquén	(dos veces)	Siria
Silo	Edén	Moab	
Uz	Benjamín	Asiria	
Nazaret	Polo norte	Desierto	

1. _____ Necao

2. _____ Abraham

3. _____ Demetrio

4. _____ Job

5. _____ Senaquerib

6. _____ Santa Claus

7. _____ Adán y Eva

8. _____ Jesús

9. _____ Nehemías

10. _____ José (el de la túnica)

11. _____ Juan el Bautista

12. _____ Ana

13. _____ Jeroboam

14. _____ Ben-Adad

15. _____ Mesá (Otra fácil)

16. _____ Jeremías

17. _____ Nabucodonosor

No era tan fácil como creías. Por eso esto se llama **Mi libro de ejercicios de conocimiento bíblico**. Las respuestas se encuentran en la página 282.

Y ahora, como lo había prometido, les dejo las:

DIEZ COSAS QUE DALILA NO NOTÓ QUE PODÍAN DESTRUIR LA FUERZA DE SANSÓN

10. Si le cortaba la yugular.
9. Si lo pintaba de color rojo, lo llamaba Elmo y le hacía cosquillas.
8. Las repeticiones de La Tribu Brady.
7. Si le quitaba los esteroides.
6. Si cancelaba su membresía en el gimnasio.
5. Si escondía sus espinacas.
4. Si le leía poesías.
3. Una congestión nasal.
2. Si lo conectaba a 220 voltios.
1. El champú.

PEDRO SE CONVIERTE EN EL PRIMER AFICIONADO A LOS DEPORTES EXTREMOS

NO ME ESTOY PORTANDO MAL

Las siguientes preguntas se centran en actos de obediencia o desobediencia. ¿Puedes responder verdadero o falso?

___ 1. Luego de que el ángel los librara de la prisión, los apóstoles fueron arrestados y llevados ante el Sanedrín. Allí fue cuando Pablo dijo que es mejor obedecer a Dios antes que a los hombres.

___ 2. Isaac le ordenó a su hijo Jacob que no se casara con una mujer cananea, pero Jacob desobedeció.

___ 3. Pablo comienza el sexto capítulo a los efesios instruyendo a los hombres a obedecer a Dios.

___ 4. Samuel estaba decepcionado de haber constituido a Saúl como rey, dado que Saúl frecuentemente desobedecía sus órdenes.

___ 5. Pedro alentaba a los cristianos a obedecer a las autoridades humanas.

___ 6. En el año noveno del rey Oseas, los asirios capturaron y deportaron a los israelitas. El escritor dice que esto ocurrió a pesar de que los hijos de Israel habían sido obedientes a Dios y a sus leyes.

___ 7. Pablo dijo a los gálatas que él se gloriaba en la obediencia que ellos habían tenido para con Tito.

___ 8. Santiago dice que los caballos obedecen naturalmente a sus jinetes, y que tal debería ser nuestra obediencia a Dios.

___ 9. Cuando el Señor dijo a Elías que fuese al este del Jordán, donde bebería de un arroyo y sería alimentado por cuervos, Elías obedeció inmediatamente.

___ 10. Cuando Dios confrontó a Adán y Eva por comer del fruto prohibido, Adán culpo a Eva, Eva culpó a la serpiente y la serpiente culpo a un hombre llamado Jenny.

___ 11. La desobediencia de Jonás hizo que fuera arrojado al mar, y luego fue tragado por un gran pez.

___ 12. Pedro habla de espíritus desobedientes que aparentemente habían sido apresados desde los días de Noé.

___ 13. Pablo decía a los tesalonicenses que Dios castigaría a aquellos que eran desobedientes al Evangelio de Jesucristo, hasta que se arrepintiesen.

___ 14. El escritor a los hebreos alienta a la obediencia a los líderes para que su tarea sea gozosa y no gravosa.

___ 15. Cuando Moisés y Aarón ordenaron a los hebreos lo que debían hacer para evitar la plaga final sobre Egipto (la muerte de los primogénitos), el pueblo, como de costumbre, desobedeció.

___ 16. Por su desobediencia, Dios dijo que ninguno de los israelitas de esa generación pisaría la tierra prometida, excepto Moisés y Josué.

___ 17. Pablo escribió a los romanos que él había sido un ministro de Jesucristo al traer a los gentiles a la obediencia a Dios.

Bueno, parece que has sido **obediente** y has hecho tu mayor

esfuerzo con estas preguntas, así que no enviaré el fuego y azufre...
¡por lo menos por ahora! Las respuestas están en la página 283.

¡BUEN VIAJE!

Los personajes bíblicos se movían. No podrían comprar sus boletos por Internet ni tenían millas de viajeros frecuentes, pero se las arreglaban para viajar. En las siguientes preguntas deberás completar con la persona o el lugar correcto (Ciudad, país, etc.). Lo harás muy bien, pero debes apurarte porque sino perderás tu... camello.

1. Un ángel apareció a Josué en sueños, diciéndole que tome a María y al niño Jesús para escapar a _____.

2. _____ tenía setenta y cinco años cuando Dios le dijo que dejara su país y su parentela para salir de Harán.

3. Pablo dijo a los tesalonicences que cuando Satanás le había impedido viajar para visitarles nuevamente, él envió a _____ en su lugar.

4. En la parábola del buen samaritano, el hombre que fue atacado por los ladrones iba de Jerusalén a _____.

5. Cuando Dios mandó a _____ que fuera a Nínive, él se dirigió a Tarsis.

6. Al oír que Jerusalén estaba en ruinas, _____ pidió a su jefe, el rey de Persia, autorización para ir y reconstruir la ciudad.

7. El libro de Daniel comienza con tropas que viajaban desde _____ para sitiar a Jerusalén.

8. Pablo y sus compañeros de viaje dejaron la ciudad de
   _____ luego de la fiesta de los panes sin
   levadura, y fueron a Troas por siete días.

9. _____ advirtió a los creyentes acerca de sus
   planes para viajar a una u otra ciudad, hacer negocios y
   luego volver.

10. _____ recibió un viaje gratuito a Egipto, pero
    como esclavo.

11. Sansón y sus padres descendieron a _____
    para buscarle una esposa. En ese camino es que Sansón
    mató a un león con sus manos.

12. Cuando Abraham y Lot se separaron, Abraham vivió en Canaán pero Lot se dirigió al este, hacia _____.

13. Luego de una gran hambruna, _____ dejaron
    Moab y caminaron por varios días hacia Belén.

14. Según Marcos, luego del arresto de Juan el Bautista, Jesús
    fue a _____ para comenzar su ministerio
    público.

15. Luego de las amenazas de muerte de Jezabel,
    _____ dejó a su criado en Berseba y se dirigió al desierto.

Ahora que hemos llegado a casa, es tiempo de guardar el camello en el garaje, y desempacar al elefante. (Un momento, ¿de dónde salió el elefante?). Música de viaje, maestro, para llevarnos a la página 283.

MUCHO PARA PENSAR

Siempre me pareció interesante la vida de Lot. No he pasado muchísimo tiempo estudiándola, pero como escritor de ejercicios de conocimiento bíblico, me parece que es muy llamativa. ¿Podrías poner esta secuencia de eventos en su vida en orden cronológico? Simplemente asigna el número 1 al primer evento, 2 al segundo, y así sucesivamente. Cuando comiences, recuerda no mirar atrás. ¡Éxitos!

___ A.   La esposa de Lot se convirtió en estatua de Sal

___ B.   Abraham y Lot decidieron separarse.

___ C.   Abraham habló con Dios acerca de la posibilidad de no destruir a Sodoma.

___ D.   Lot ofreció a sus hijas vírgenes a los corruptos hombres de Sodoma.

___ E.   Lot fue capturado por cuatro reyes.

___ F.   Los ángeles autorizaron a Lot a detenerse en Zoar, y llegó allí a salvo.

___ G.   Lot inconscientemente cometió incesto con sus hijas.

___ H.   Los ángeles ordenaron a Lot que huya con su familia.

___ I.   Los dos ángeles llegaron a Sodoma, y Lot se inclinó delante de ellos.

___ J.   Las hijas de Lot tuvieron dos hijos.

___ K.   Abraham, su esposa y Lot dejaron Egipto.

___ L. Lot y sus hijas dejaron Zoar y fueron a vivir en una cueva en las montañas.

___ M. Lot se dirigió al este y se estableció cerca de Sodoma.

___ N. Abraham y sus hombres rescataron a Lot.

___ O. Los hombres de Sodoma fueron enceguecidos.

___ P. Los ángeles guiaron a la familia de Lot fuera de la ciudad.

Espero que hayas obtenido muchas respuestas correctas. (Ya no habrá más castigos.) La secuencia correcta según Génesis 13-19 se encuentra en la página 284.

Y como «extra» aquí les dejo:

DIEZ RAZONES POR LAS QUE LA ESPOSA DE LOT MIRÓ ATRÁS

10. Para ver si había cerrado las ventanas del carro.
9. Era la única manera en que harían una estatua de su persona.
8. Estaba segura de que se había perdido una venta de liquidación.
7. Deficiencia de yodo.
6. No lo hizo intencionalmente: Tuvo una punzada en el cuello.
5. Quería darle una última mirada al centro de compras.
4. Vio a Helen Hunt hacerlo en «Twister».
3. Pensó que venían los Picapiedras.
2. Lot le hizo la broma de hablar por detrás de ella.
1. Fue una acrobacia de publicidad para Morton.

¡NO PUEDES COMER ESO!

Imagina que hace mucho que no comes, cualquier cosa se vería deliciosa. Tan rica, en realidad, que podrías comértela cruda. Pero espera... hay ciertas **leyes** acerca de esto.

Las siguientes preguntas pertenecen a la etiqueta culinaria bíblica. ¡Bon appetit!

1. Esta parte del animal podía usarse para cualquier propósito pero no podía ser ingerida.

   A. La cola
   B. La sangre
   C. La piel
   D. La grasa

2. Cuando es rojo, no debes consumirlo, para que no te ataque como serpiente:

   A. Carne de ganado
   B. Vino
   C. La sangre de la cabra
   D. El maná
   E. El jugo de frutilla

3. Según Hechos 21, los creyentes gentiles debían evitar comer todo esto excepto:

   A. Carne de animales de pezuña hendida
   B. Comida sacrificada a los ídolos
   C. Sangre
   D. Carne de animales ahogados

4. ¿Cuál era el castigo por comer la grasa de un animal usado en un sacrificio de ofrenda a Dios?

A. Apedreamiento
B. Purificación por siete días fuera del campamento
C. El mejor carnero o macho cabrío de la familia sería confiscado
D. Ser eliminado del pueblo
E. El horno de microondas del acusado sería desenchufado por un mes

5. El Faraón de Egipto llamó a José para que interpretase un sueño en el que ciertos animales se comían a otros de su misma especie. ¿Qué animales eran?

A. Cerdos
B. Vacas
C. Camellos
D. Leones

6. Éxodo 22 dice que el pueblo de Dios no debía comer la carne de un animal que había sido muerto por bestias salvajes. ¿Qué debían hacer con él?

A. Enterrarlo lejos del campamento
B. Utilizarlo para alimentar a extranjeros y esclavos
C. Echarlo a los perros
D. Arrojarlo al río

7. Los hebreos no debían consumir la sangre de animales o aves. Deuteronomio 12:23 nos ofrece el motivo de este mandamiento. ¿Cuál es?

A. La sangre ahoga
B. La salvación viene por la sangre, por lo cual ésta es santa
C. La sangre de un animal ha sido degradada por Dios,

dado que Dios le dio al hombre dominio sobre los animales

D. La sangre del animal es B negativo, y los humanos ya se quejan demasiado así como son

8. Cuando Pablo enseña acerca de la comida ofrecida a los ídolos, ¿cuál de las siguientes oraciones resume mejor su conclusión?

A. La comida no nos acerca a Dios
B. No te preocupes demasiado acerca de lo que piensen los demás
C. La carne ofrecida a ídolos puede profanar aún al creyente más puro
D. Ya no es necesario seguir las leyes dietarias de Moisés
E. No te hagas ídolos de Ronald McDonald

9. ¿Quién recibiría el muslo derecho de la ofrenda de comunión?

A. El Señor
B. Moisés
C. El hombre que traía la ofrenda
D. El sacerdote

10. El Señor le dijo a Aarón que ni él ni sus hijos debían comer esto dentro del Tabernáculo de reunión, pues de lo contrario morirían. ¿Qué era?

A. Sangre
B. Vino o alguna bebida fermentada
C. La grosura del sacrificio
D. La carne de cualquier ofrenda por el pecado

11. Según Deuteronomio 14, ¿Qué tipo de «animales acuáticos» no debían comerse?

   A. Aquellos que medían más de un codo (unas dieciocho pulgadas)
   B. Anguilas y serpientes
   C. Las criaturas que no tienen aletas ni escamas
   D. Las criaturas con aletas y escamas
   E. No había reglas para animales acuáticos

12. En el Sermón del Monte, ¿qué dijo Jesús acerca de la comida?

   A. Quien coma alimentos sacrificados a los ídolos está en peligro de fuego eterno.
   B. El deseo de llenar el estómago es causa de muchos males
   C. Come, bebe y sé feliz, Dios quiere que todos estén satisfechos
   D. No te preocupes por lo que has de comer, ya que Dios conoce tus necesidades
   E. No se puede predicar con el estómago vacío

13. ¿Cuál de las siguientes aves no se menciona en la lista de las que no se podían comer?

   A. El halcón
   B. La paloma
   C. El águila
   D. El murciélago

14. ¿Cómo se llamaba el árbol del que no se podía comer en el Edén?

   A. El árbol de la ciencia del bien y del mal
   B. El árbol de la vida

C. El árbol de la sabiduría
D. La higuera
E. El árbol «¿Dónde está nuestra ropa?»

15. Cuando los discípulos de Jesús fueron criticados por espigar en sábado, Jesús mencionó a un líder del Antiguo Testamento que comió del pan que los sacerdotes debían comer. ¿Quién era?

A. David
B. Moisés
C. Salomón
D. Josué

16. Elige el animal que no se debía comer:

A. Gacela
B. Buey
C. Conejo
D. Antílope

17. Al tentar a Jesús en el desierto, el diablo apeló a su hambre:

A. Ofreciéndole comida prohibida por Moisés
B. Sugiriéndole que convierta piedras en pan
C. Sugiriéndole que pida a los ángeles que le trajeran comida
D. Ofreciéndole comida real a cambio de su adoración

18. Acerca de los insectos, Moisés:

A. No dijo nada
B. Dijo que podían comerse todos los insectos
C. Declaró que ningún insecto volador estaba permitido comer

D. Dijo que no podían comer insectos rociados con Raid

Bueno, toda esta comida me ha dejado hambriento. Me pregunto si a Moisés le habría gustado la mantequilla de maní y el chocolate. Siéntete con libertad para devorarte las respuestas en la página 285.

DISCULPA, JEFE

Cuando era niño (una vez **lo fui**) me encantaba mirar a Maxwell Smart, el Superagente 86, en su saga sobre los espías. Así que dedico esta sección de verdadero/falso en honor a Max, a 99, al jefe y a mi antigua televisión (que era más limpia). Todas las preguntas se tratan de disculpas o arrepentimiento. Si aceptas esta misión, estarás arriesgando tu vida a cada minuto... y te encantará.

___ 1. Antes de arrojar a Jonás al mar, él pidió disculpas a los marineros por poner sus vidas en peligro.

___ 2. Jacob tenía temor de que su hermano Esaú lo matase, por ello corrió y se inclinó siete veces cuando Esaú se acercaba con sus hombres.

___ 3. Aunque el rey Herodes estaba arrepentido de haberle otorgado un pedido a la hija de Herodías, igualmente accedió a su demanda y ordenó que Juan el Bautista fuese decapitado.

___ 4. Según el capítulo 6 de Génesis, con excepción de Moisés, el mundo estaba lleno de hombres malvados, y Dios se arrepintió de haberlos creado.

___ 5. Pablo dice en Romanos 9 que tiene gran dolor por los de su pueblo, Israel.

___ 6. El relato de Lucas acerca de los discípulos durmiendo mientras Jesús oraba en el Monte de los Olivos dice que estaban exhaustos de dolor.

___ 7. Luego de cortar el borde del manto de Saúl sin que él se diera cuenta, David se arrepintió y se disculpó con Saúl.

Sin embargo, Saúl respondió con enojo y amenazó con matarlo.

___ 8. En Eclesiastés 7, el escritor dice que la risa es mejor que el llanto, porque el rostro alegre es bueno para el corazón.

___ 9. El escritor de Apocalipsis vio a Dios enjugando las lágrimas y quitando el dolor de las personas junto al Río de la Vida, justo antes de ver la nueva Jerusalén.

___ 10. Mientras que Juan 3:16 es probablemente el versículo más citado de la Biblia, Génesis 3:16 habla acerca de los dolores de parto como consecuencia de la desobediencia de Eva.

___ 11. Cuando el rey David pidió misericordia en el Salmo 51, estaba pidiendo perdón por su pecado de adulterio con Betsabé.

___ 12. Isaías, quien es conocido como el profeta de las lágrimas, estaba tan apenado por la caída de Israel que escribió un segundo libro llamado Lamentaciones.

___ 13. Cuando Judas se llenó de remordimiento por su traición a Jesús, devolvió las treinta piezas de plata al templo.

___ 14. Cuando el rey David envió una delegación de mensajeros a expresar su pésame por la muerte del rey de los amonitas, estos acusaron a los mensajeros de ser espías y los humillaron.

___ 15. Cuando los tres amigos de Job fueron a visitarlo, casi no lo reconocieron, e inmediatamente comenzaron a llorar y a rasgar sus vestiduras.

___ 16. Luego de que Sadrac, Mesac y Abednego salieron del horno de fuego ardiente, el rey Nabucodonosor les pidió perdón, temiendo que Dios lo matara.

¿Te arrepientes de haber hecho esta sección? ¡Lo lamento, no hay reembolsos! Ja, ja, ja! Ahora descubrirás cuán arrepentido estás... pues las respuestas te esperan en la página 285.

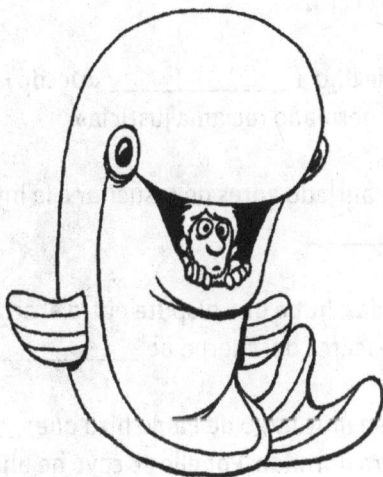

VEO... ¡MUERTOS!

La Biblia narra muchas situaciones «únicas» en las que personas pasaron «a mejor vida» por decir de alguna manera. (Quizás no sea la mejor manera de decirlo, pero creo que tú has captado la idea.) Sé que estás muriendo por llenar estos espacios en blanco, así que ¡adelante!

1. Solamente el Evangelio de _____ menciona que muchos muertos volvieron a vivir luego de la muerte de Cristo en la cruz.

2. El Señor le dijo a _____: «Desde la tierra, la sangre de tu hermano reclama justicia».

3. Jesús fue burlado antes de resucitar a la hija de _____.

4. Según Judas, hubo una disputa entre el arcángel Miguel y el diablo acerca del cuerpo de _____.

5. Un sermón muy largo de Pablo hizo que _____ se quedara dormido. Por ello se cayó de una ventana desde un tercer piso y murió, pero fue resucitado por el mismo Pablo.

   Pablo fue un gran predicador,
   A su llamado firme y fiel.
   Si a veces alguien dormía
   Al suelo caería.

6. Abraham compró la cueva de Macpela a _____ para enterrar a su esposa Sara. (Si conoces esta eres algo, no sé qué, pero algo eres.)

7. En Apocalipsis 11, leemos que dos profetas mueren por la bestia que sube del abismo, y sus cuerpos yacen en la calle de la ciudad. A la ciudad se le dan dos nombres simbólicos de lugares reales mencionados en la Biblia. ¿Te sientes afortunado hoy? _____ y _____.

8. _____ fue arrojada de una ventana, y cuando los hombres vinieron a buscar su cadáver, solamente encontraron su calavera, manos y pies.

9. Luego de la crucifixión de Jesús, Mateo dice que un hombre rico llamado _____ de _____ fue a Pilato y pidió su cuerpo.

10. _____ sostuvo el cuerpo de su padre y lloró sobre él. Luego, ordenó a los médicos bajo su autoridad que lo embalsamaran.

11. Jeremías cuenta la historia de _____, hijo de _____, quien mató a ochenta hombres y echó sus cuerpos a una cisterna. (Otra pregunta difícil)

12. El Espíritu del Señor llevó a _____ a un valle de huesos secos, que luego se convirtieron en cadáveres, y luego revivieron.

13. Jesús echó un demonio de un muchacho, que parecía estar tan tieso que la gente pensaba que estaba muerto. Luego de levantarse, los discípulos, que habían intentado sanarlo y no pudieron, preguntaron a Jesús acerca de esto. Él les respondió que este tipo de demonios requería _____.

14. Dios le ordenó a _____ que no se casara ni tuviese hijos en donde vivía, pues si lo hacía su familia

contraería de enfermedades letales y sus cuerpos serían comidos por las aves y las bestias.

15. Aunque el padre de _____ había sido muy bueno con el rey Joás, éste autorizó que lo apedrearan en el atrio del templo. Mientras moría, clamó al Señor por justicia.

16. En Endor, Saúl pidió a una bruja que trajese el espíritu de _____.

¿Te alegras de que esto haya terminado? Estas personas también. Bueno, sugiero que respiremos un poco de vida yendo a las respuestas en la página 286.

RELIQUIAS DE ANTAÑO

Desde el rey Midas hasta la banda Goldfinger (*Dedo de oro*), el encanto por el metal dorado ha sido poderoso desde que los humanos comenzaron a caminar por este planeta. La Biblia nos brinda muchos ejemplos de esto. Haz tu mejor intento en este juego de unir letras y números, y si lo haces bien podrías ganarte una medalla. Por supuesto, será una medalla de papel.

___ 1. cabeza de oro.

___ 2. Aquí se encuentra buen oro, donde fluye el rio Pisón.

___ 3. Escribió a la iglesia que la fe es más preciosa que el oro.

___ 4. Comparó a la palabra dicha como conviene con naranjas de oro.

___ 5. Cuando era niño recibió oro como regalo.

___ 6. Dios ordenó a Moisés que confeccionase vestidos de oro, lana teñida de púrpura, carmesí y escarlata, para este hombre y sus hijos.

___ 7. Este orfebre fue comisionado por Dios para realizar la obra de construcción del santuario.

___ 8. Esta visita de Salomón le entregó 3960 kg. de oro, lo que es casi cuatro toneladas. (Debo tener amigos incorrectos)

___ 9. Una copa de oro en manos de Dios.

___ 10. Les dijo a sus oyentes que soportaría y saldría puro como oro.

___ 11. En su carta a este amigo, Pablo utilizó el oro para simbolizar los actos puros.

_____ 12. Entró en bancarrota luego de que unos buscado-
res de oro destruyeran
su fábrica cerca de 1850.

A. Bezalel
B. Babilonia
C. Timoteo
D. Javilá
E. Nabucodonosor
F. Job
G. Pedro
H. Jesús
I. Sutter
J. Aarón
K. La reina de Sabá
L. Salomón

Las respuestas brillan en la página 286.

«Aquí Daniel nuevamente. Como dije antes, lo has hecho bien ¿no es así? ¿Seguro? Bueno, nadie es perfecto. De todas maneras, he interpretado tus sueños, excepto aquel en el que hacías el ridículo en la calle, y mantengo mi profecía, completarás este libro antes del fin del mundo. Pero para comenzar el capítulo ocho te dejo con mi amigo, quien pudo con los filisteos, antes de su corte de cabello... ¡un aplauso muy grande para... Sansón!»

«¡Gracias, amigos! Estoy muy contento de estar aquí, y he escuchado que el próximo capítulo es dulce como la miel... y no estoy mintiendo. (Hmm, suena a un enigma que una vez inventé). Bueno, debo ir a lidiar con algunos filisteos, pero esta vez quiero que tú también tires la casa abajo. Te estaré viendo al final del capítulo.»

A TODA MÁQUINA.
RESPUESTAS

Un comienzo cabelludo
Páginas 250-254

1. B. (Jue 13:3-5)
2. D. (1 Co 11:14)
3. A. (Lv 19:27)
4. B. (Lc 7:36-38)
5. C. (Pr 16:31)
6. A. (1 Ti 2:9)
7. D. (2 S 14:26)
8. C. (Is 7:20)
9. B. (Mt 10:30)
10. B. (Job 4:15)
11. A. (Esd 9:1-3)
12. D. (Cnt 4:1; 5:11)
13. A. (Ez 44:20)
14. C. (1 Co 11:5)
15. B. (Dt 21:12)
16. D. (2 R 2:23-24)

¿Dónde has estado, amigo?
Páginas 255-256

1. Egipto (2 Cr 35:20)
2. Canaán (Gn 12:6-7; 13:12)
3. Éfeso (Hch 19:23-27)
4. Uz (Job 1:1)
5. Asiria (2 R 18:13)
6. Polo Norte (mi mamá)
7. Edén (Gn 2:8)
8. Nazaret (Hch 2:22)
9. Jerusalén (Neh 2:11)
10. Egipto (Gn 37:28)

11. Desierto (Lc 1:80)
12. Siló (1 S 1:1-5)
13. Siquén (1 R 12:25)
14. Siria (1 R 20:1)
15. Moab (2 R 3:4)
16. Tierra de Benjamín (Jer 1:1)
17. Babilonia (2 R 24:1)

No me estoy portando mal
Páginas 258-260

1. Falso (Hch 5:27-29)
2. Falso (Gn 28:1, 7)
3. Falso (Ef 6:1)
4. Verdadero (1 S 15:11)
5. Verdadero (1 P 2:13-14)
6. Falso (2 R 18:12)
7. Falso (2 Co 7:13-14)
8. Falso (Stg 3:3)
9. Verdadero (1 R 17:2-3)
10. Falso (Gn 3:11-13)
11. Verdadero (Jon 1:1-17)
12. Verdadero (1 P 3:19-20)
13. Falso (2. Ts. 1:8-9)
14. Verdadero (Heb 13:17)
15. Falso (Éx 12:24-28)
16. Falso (Nm 32:11-12)
17. Verdadero (Ro 15:15-18)

Buen viaje
Páginas 260-261

1. Egipto (Mt 2:13)

2. Abram (Abraham) (Gn 12:1-4)
3. Timoteo (1 Ts 2:17; 3:2)
4. Jericó (Lc 10:30)
5. Jonás (Jon 1:1-3)
6. Nehemías (Neh 1:1-3; 2:1-6)
7. Babilonia (Dn 1:1-2)
8. Filipos (Hch 20:6)
9. Santiago (Stg 4:13-15)
10. José (Gn 37:23-28)
11. Timnat (Jue 14:1-7)
12. Sodoma (Gn 13:11-12)
13. Noemí (Ruth 1:1-7, 19)
14. Galilea (Mr 1:14)
15. Elías (1 R 19:1-4)

Mucho para pensar
Páginas 262-263

A. 13 (19:26)
B. 2 (13:8-9)
C. 6 (18:16-33)
D. 8 (19:6-8)
E. 4 (14:11-12)
F. 12 (19:17-22)
G. 15 (19:31-35)
H. 10 (19:12-13)
I. 7 (19:1)
J. 16 (19:36-38)
K. 1 (13:1)
L. 14 (19:30)
M. 3 (13:10-12)
N. 5 (14:13-15)
O. 9 (19:11)

P.   11 (19:15-16)

¡No puedes comer eso!
Páginas 274-276

1. D. (Lv 7:24)
2. B. (Pr 23:29-33)
3. A. (Hch 21:25)
4. D. (Lv 7:25)
5. B. (Gn 41:14-21)
6. C. (Éx 22:31)
7. C. (Dt 12:23)
8. A. (1 Co 8:8)
9. D. (Lv 7:33)
10. B. (Lv 10:8)
11. C. (Dt 14:9-10)
12. D. (Mt 6:25, 31)
13. B. (Dt 14:11-18)
14. A. (Gn 2:17)
15. A. (Lc 6:1-5)
16. C. (Dt 14.4-7)
17. B. (Mt 4:1-4)
18. C. (Dt 14:19)

Disculpa, jefe
Páginas 278-279

1. Verdadero (Jn 1:12)
2. Verdadero (Gn 33:3)
3. Verdadero (Mt 14:6-11)
4. Falso (Gn 6:8) (¡Era Noé!)
5. Verdadero (Ro 9:2-4)
6. Verdadero (Lc 22:45)

7. Falso (1 S 24:1-22)
8. Falso (Ec 7:3)
9. Falso (Ap 21:1-4; 22:1)
10. Verdadero (Gn 3:16)
11. Verdadero (Sal 51) (ver título)
12. Falso (Fue Jeremías)
13. Verdadero (Mt 27:3-5)
14. Verdadero (1 Cr 19:1-5)
15. Verdadero (Job 2:11-12)
16. Falso (Dn 3.28-30)

Veo... muertos
Páginas 270-272

1. Mateo (Mt 27:50-53)
2. Caín (Gn 4:10)
3. Jairo (Mr 5:22-24; 35-43)
4. Moisés (Jud 9)
5. Eutico (Hch 20:7-12)
6. Efrón (Gn 23:1-20)
7. Sodoma, Egipto (Ap 11:7-8)
8. Jezabel (2 R 9:30-35)
9. José de Arimatea (Mt 27:58)
10. José (Gn 50:1-2)
11. Ismael hijo de Netanías (Jer 41:7)
12. Ezequiel (Ez 37:1-14)
13. Oración (y ayuno) (Mr 9:14-29)
14. Jeremías (Jer 16:1-4)
15. Zacarías hijo de Joyadá (2 Cr 24:20-22)
16. Samuel (1 S 28:7-19)

Reliquias de Antaño
Páginas 274-275

1. E. (Dn 2:32)
2. D. (Gn 2:11)
3. G. (1 P 1:7)
4. L. (Pr 25:11)
5. H. (Mt 2:11)
6. J. (Éx 39:1-2)
7. A. (Éx 35:30; 36:1)
8. K. (1 R 10:1-10)
9. B. (Jer 51:7)
10. F. (Job 23:10)
11. C. (2 Ti 2:20-21)
12. I.

BAJANDO EL RITMO

Has estado trabajando muy duro, y sin tener en cuenta lo que las celebridades bíblicas puedan decir, **yo** estoy orgulloso de ti. Pero todavía no estamos libres. Sigamos mentalizados en esto mientras bajamos el ritmo. Comenzaremos con lo que me gusta llamar:

¿SABES DÓNDE ESTÁ?

Aunque el título suene un poco aburrido, tiene una razón de ser. En este ejercicio con espacios para completar, simplemente selecciona el libro de la Biblia en el cual se encuentra la historia. Para hacerlo aún más fácil, te doy una lista de libros. Si quieres mostrarme cuán infinito es tu conocimiento puedes cubrirla con un papel, con tu mano, e intenta realizar el ejercicio sin ella.

Ester	1 Crónicas	Apocalipsis
2 Reyes	Lucas	Zacarías
Filemón	Esdras	Marcos
Salmos	1 Samuel	1 Tesalonicenses
Eclesiastés	Hechos	Joel
Génesis	Mateo	1 Juan

_____ 1. Un ángel mata a 185.000 asirios

_____ 2. Nombra a un esclavo llamado Onésimo

_____ 3. Una devastadora plaga de langostas

_____ 4. El día del Señor vendrá como ladrón en la noche

_____ 5. Todo cuanto se hace en la vida es absurdo, ¡es correr tras el viento!

_____ 6. La muerte de José hijo de Jacob

_____ 7. Comienza con una profecía de Isaías acerca de Juan el Bautista

_____ 8. Saúl comete suicidio

_____ 9. Una visión de langostas que parecen caballos con rostros humanos, cabello de mujer, dientes de león y coronas doradas

_____ 10. El ladrón de la cruz pide a Jesús misericordia

_____ 11. Una visión de un hombre entre los arrayanes

_____ 12. Pablo y Bernabé se separan luego de una discusión acalorada

_____ 13. Herodes dicta un decreto para que todos los niños de Belén que tuviesen hasta dos años fueran ejecutados

_____ 14. Este libro del Nuevo Testamento se refiere al asesinato de Abel cometido por su hermano Caín.

_____ 15. Luego de su adulterio con Betsabé, David clama: «Ten compasión de mí, oh Dios...»

_____ 16. Los profetas Hageo y Zacarías aparecen para animar al pueblo a reconstruir el templo en Jerusalén.

_____ 17. Un malvado hombre es ejecutado en una horca de veinticinco metros.

_____ 18. El sacerdote Elí acusó a la primera esposa de Elcaná, Ana, de estar ebria. (¡Ella estaba orando!)

Ahora permítanme decirles dónde se encuentran las respuestas, en la página 320.

Es tiempo para otra segunda parte. Pero a diferencia de Hollywood, no será «Rocky 37» o «Star Wars 14: Darth Vader desafía a Jarjar Binks a otro concurso de ewok (peluches galácticos de Star Wasr)». No, solamente les aseguro juegos de calidad.

EN FAMILIA (PARTE 2)

Había tanto por tratar en esta categoría que no pude evitar otro juego. ¿Verdadero o falso?

___ 1. La muerte de Juan el Bautista implicaba indirectamente a Felipe, el hermano de Herodes.

___ 2. El harén de Salomón llegó a tener 450 reinas y esposas, y 150 concubinas.

___ 3. Dado que Sara (Saray) no podía tener hijos, ella le sugirió a su esposo Abraham (Abram) que se llegase a su sierva, Rebeca.

___ 4. La Biblia menciona brevemente una batalla con los filisteos en la que uno de los hermanos de Goliat fue muerto.

___ 5. Aunque Daniel es considerado como el autor del libro que lleva su nombre, casi no se nos ofrece información acerca de su familia.

___ 6. Según Mateo, los primeros cuatro discípulos que Jesús llamó eran dos parejas de hermanos.

___ 7. El primer ataque de Satanás sobre la familia de Job incluyó la muerte de sus tres hijos y sus siete hijas.

___ 8. El padre de Samuel tenía dos mujeres.

___ 9. En el camino a Gaza, Felipe evangelizó a un etíope eunuco, y luego lo bautizó, y también a su esposa y a sus cuatro hijos.

___ 10. Los hijos del rey David eran consejeros reales y funcionarios en jefe a su lado.

___ 11. En el incidente registrado en 1 Corintios 5, acerca del incesto en la iglesia, se trataba de un hombre y su nuera.

___ 12. El abuelo de Jesús se llamaba Jacob.

___ 13. Pablo escribe a Timoteo que las viudas con familias debía ser asistidas financieramente por la iglesia, porque sus familias también ayudaban a otros.

___ 14. Sibia fue la madre de Joás, quien llegó a ser rey a los siete años de edad.

___ 15. Según Génesis, el hijo de Noé, Cam, fue padre de Nimrod, gran cazador.

___ 16. Cuando los hombres de la tribu de Benjamín necesitaban esposas, las raptaban de Siló y se casaban con ellas.

___ 17. Al final de 1 Pedro, Pedro se refiere a Marcos como su «hijo».

___ 18. David fue yerno de Saúl por algún tiempo.

___ 19. Cuando el libro con los sellos de Apocalipsis 5 fue abierto, aparecieron tres figuras angelicales.

___ 20. Pablo le menciona a Filemón que en su visita a Colosas se hospedaría con el hermano de su madre.

¿Mucha familia, no es así? Veamos si podemos emparentar con las respuestas, en la página 320.

¿Qué tal un recreo? Mira esta lista de

DIEZ PROBLEMAS RELACIONADOS
CON EL ARCA DE NOE

10. Contracturas en las jirafas
9. La Guardia Costera multó al arca porque su registración había expirado
8. Las charlas de medianoche se tornaban fuera de control
7. Cuando Noé dejaba que los animales votaran, los conejos siempre tenían la mayoría
6. Los animales se quejaban de tener que comer pescado, pero cuando se les preguntaba qué otras opciones sugerían, callaban sorprendentemente
5. Puertos de escala limitados
4. Los chalecos salvavidas no eran suficientes
3. Una falla en la brújula echó a perder los planes de establecerse en Hawai
2. Los animales más pesados hacían rodar la nave por broma
1. Todos querían el asiento cercano a la ventana

Bueno, se terminó el recreo. Volvamos al entrenamiento.

OTRO DÍA TÍPICO EN EL ARCA DE NOE

ES UN JUEGO DE NÚMEROS

La Biblia contiene muchos números. De hecho, hasta uno de sus libros se titula así. Pero las siguientes preguntas son acerca de **toda** la Biblia, y creo intuir que algunas de ellas te podrían sorprender. Quizás una **cantidad** de ellas lo haga.

1. ¿Cuántos hombres entrenados llevó Abraham consigo cuando fue a rescatar a su sobrino Lot de los cuatro reyes que lo habían capturado?

   A. 5.000
   B. 318
   C. 70
   D. Ninguno, fue solo

2. Según la parábola del siervo malvado, ¿qué suma de dinero le debía a su amo?

   A. 100 denarios
   B. 40 piezas de plata
   C. Su primogénito
   D. 10.000 talentos
   E. 18 hoyos de golf en los Pinos de Potifar

3. ¿Cuántos hombres se encontraban a bordo del barco que encalló quebrándose, forzando a Pablo y a todos los pasajeros a nadar hacia las playas de Malta?

   A. 44
   B. 276
   C. 100
   D. 7
   E. 24, incluyendo a Noé, al Capitán Steubing, a George Clooney y a John Paul Jones.

4. ¿Cuán grande era el ejército de David cuando se estableció en la ciudad filistea de Siclag?

   A. No tenía ejército, solo viajaba con 12 amigos
   B. 7.000 hombres
   C. 600 hombres
   D. 2.400 hombres
   E. ¿Ejercito? ¡David era de la Armada!

5. Según Ezequiel, una porción especial de tierra debía ser dada a los descendientes de Sadoc (como recompensa por su fidelidad), y en su centro debía de haber un santuario para el Señor. ¿Cuáles eran las dimensiones de esa parcela?

   A. 500 pasos de largo por 250 pasos de ancho
   B. 3.000 pasos de largo por 3.000 pasos de ancho
   C. 4.000 codos de largo por 1.000 codos de ancho
   D. 12500 metros de largo por 10.000 metros de ancho
   E. Desconocido, pues nunca se registró en la corte ese hecho

6. Según la lista de Pablo en 2 Corintios, ¿cuál es exacta?

   A. Fue apedreado tres veces, azotado una vez, naufragó dos veces y recibió 39 azotes en cuatro ocasiones
   B. Fue apedreado dos veces, recibió 39 azotes seis veces, fue golpeado con varas dos veces, y naufragó en tres oportunidades
   C. En cinco oportunidades recibió 39 azotes, fue golpeado con varas tres veces, apedreado una vez y tres veces naufragó
   D. Fue golpeado con varas una vez, dos veces apedreado, muchas veces recibió 40 azotes y una vez naufragó
   E. Fue expulsado de la cancha cinco veces, dos veces

lo enviaron a dormir sin comer postre y una vez fue
castigado por una semana

7. Pablo manda a Timoteo que una viuda debe tener por lo
menos esta edad para ser puesta en la lista de ayuda.

A. 60
B. 55
C. 75
D. 70

8. Sofonías habla acerca de un remanente de personas humildes que quedando en Israel, fueron liberadas de la ira
de Dios. ¿Cuántos eran?

A. 14.4000
B. 5.000 hombres piadosos, con sus familias
C. 12.000 hombres de Judá
D. No se detalla el número

9. ¿Cuántos pilares sostienen la casa de la sabiduría de Proverbios 9?

A. Siete
B. Cuatro
C. Doce
D. Una multitud

10. ¿Cuánta cebada puso Booz en la capa de Rut?

A. Dos efas
B. Seis medidas (20 kg.)
C. Tres cestas pequeñas
D. Dos homer
E. La cebada necesaria para que ella pudiese sobrevivir

11. Cuando Abraham «negoció» con Dios acerca del número de justos en Sodoma, ¿Con qué número comenzó y con cuál terminó?

    A. 100/12
    B. 50/10
    C. 70/5
    D. 40/2

12. ¿Cuántas ovejas tuvo Job luego de su prueba?

    A. Ninguna
    B. 2.000
    C. 6.000
    D. 14.000
    E. Desconocido, pues contarlas era una locura

13. ¿Por cuánto tiempo rechazó Nehemías con sus hermanos la comida que por derecho correspondía al gobernador?

    A. Siete meses
    B. Cinco años
    C. Doce años
    D. Nehemías la rechazó durante toda su estadía, pero sus asistentes la aceptaron

14. Según el relato de Marcos, ¿Cuántos panes y peces usó Jesús para alimentar a cinco mil hombres?

    A. Cinco panes y dos peces
    B. Dos panes y cinco peces
    C. Cinco panes y siete peces
    D. Siete panes y cinco peces

15. Según Apocalipsis 4, ¿Cuántos tronos rodeaban el trono celestial?

A. 24
B. 7
C. 144
D. 70
E. El trono está rodeado de ángeles, no de tronos

16. ¿Cuántos años tenía Jesús cuando, sin quererlo, sus padres lo dejaron en la Pascua en Jerusalén?

A. Aproximadamente 10 años
B. 8 años
C. 15 años
D. 12 años

17. ¿Cuántas provincias recibieron las órdenes de Mardoqueo, que permitían a los judíos pelear contra sus potenciales atacantes? (Si sabes esta, realmente me has sorprendido.)

A. 17
B. 39
C. 127
D. 234
E. Solo aquellas que tenían e-mail

18. ¿En qué día del mes los israelitas debían sacrificar los corderos para la celebración de la Pascua?

A. El primer día del mes
B. Lo debían elegir el día décimo, y sacrificarlo y comerlo en el decimocuarto
C. Debían seleccionarlo el séptimo día, sacrificarlo y pin-

tar los dinteles de las puertas en ese día, pero debían comerlo al día siguiente

D. Todo lo descripto en C ocurría en el día séptimo

E. Cada año cambiaba el día de la fiesta según el calendario judío

Para descubrir el número que hayas acertado, ve a las respuestas en la página 321.

METÁFORAS

La Biblia tiene muchas comparaciones coloridas, esos elementos del lenguaje a los que nos referimos como metáforas o símiles. Ve si puedes unir los ítems en la lista con sus «descripciones» bíblicas.

___ 1.	Una Piedra	A.	La lengua
___ 2.	Niebla	B.	Los ojos de la novia
___ 3.	Puertas del cielo	C.	Goliat
___ 4.	Ladrón en la noche	D.	Buen juicio
___ 5.	Fuentes sin agua	E.	Bet-el
___ 6.	Palomas	F.	El día del Señor
___ 7.	Adorno de gracia en tu cuello	G.	El pueblo de Israel
___ 8.	Fuego	H.	La capa que se había formado sobre los ojos de Pablo
___ 9.	Perro	I.	La esposa de Sansón
___ 10.	Escamas	J.	Pedro
___ 11.	Paja que arrebata el viento	K.	Los malos
___ 12.	Impetuoso como un torrente	L.	Hombres malvados
		M.	David y sus hombres

___ 13. Ovejas

___ 14. Una osa salvaje

___ 15. Ternera

___ 16. Címbalo que retiñe o
platillo que hace ruido

___ 17. Espadas desenvainadas

N. Quien habla elocuen-
temente pero no tiene
amor

O. La fortuna hecha con
mentiras

Ahora hagamos otra comparación: Tus respuestas y las correctas en la página 322.

Quiero decirte que esta parte puede tornarse peligrosa, así que recuerda que:

¡SE LOS HE ADVERTIDO!

Verdadero / Falso

____ 1. Pablo menciona que no importaba qué ciudad visitara, el Espíritu Santo le advertía acerca de los peligros y prisión que le sobrevendrían.

____ 2. Cuando Lot advirtió a sus yernos que Dios destruiría Sodoma, ellos inmediatamente recogieron sus pertenencias y se dirigieron a las montañas.

____ 3. El rey Nabucodonosor dijo a Sadrac, Mesac y Abednego que si no adoraban la imagen de oro serían lanzados en aceite caliente.

____ 4. Según el relato de Mateo, los magos fueron advertidos en sueños que no regresaran a Herodes. En el siguiente versículo, José recibe una segunda advertencia en un sueño.

____ 5. Cuando Jonás advirtió a los ninivitas acerca del juicio de Dios, ellos inmediatamente creyeron y se arrepintieron.

____ 6. Cuando Jesús habló de la segunda venida, se refirió a la risa de Sara como un ejemplo de la incredulidad humana.

____ 7. Aunque Dios puso a Ezequiel como atalaya sobre Israel, no le pidió que exhortara a los malvados a conformarse a las leyes de Dios.

____ 8. Según Apocalipsis 8, un águila da una advertencia a la tierra antes de que tres ángeles toquen sus trompetas.

___ 9. Cuando Jeremías confrontó al pueblo de Judá en el atrio del templo y les advirtió acerca de la desolación que vendría, ellos quisieron matarlo.

___ 10. Pedro fue advertido que luego de su tercera negación sería atacado por un gallo.

___ 11. Moisés advirtió a Faraón antes de algunas plagas, pero no lo hizo con todas.

___ 12. Pablo advirtió a Timoteo acerca de no nombrar como anciano a un recién convertido, o a un hombre de mala reputación.

___ 13. Moisés exhortó a su pueblo a no agregar ni quitar nada de la ley de Dios, y utilizó a aquellos que habían adorado en Baal Peor como ejemplo de juicio.

___ 14. Pablo le enseñó a Tito que una persona que causaba divisiones debía recibir dos advertencias y luego debía ser juzgada delante de toda la congregación, antes de ser expulsada.

___ 15. Justo antes de morir, Josué amonestó al pueblo a celebrar la Pascua y las otras fiestas solemnes.

___ 16. Antes de morir, el rey Joram recibió una carta del profeta Elías advirtiéndole que contraería una terrible enfermedad en sus intestinos.

___ 17. Una de las últimas cosas encontradas en el libro de Apocalipsis es una fuerte advertencia contra el añadir o quitar de las palabras del libro.

Advertencia: Algunas de sus respuestas podrían no ser iguales que las de la página 322. En ese caso, serán equivocadas. Sin embargo, y contrariamente a lo que sucede con el fumar, eso no es perjudicial para la salud, dependiendo por supuesto, de aquello en lo que te hayas equivocado.

(«No, querido, estoy segura de que el Titanic nos llevará a casa con seguridad.»)

NO LO CREO

Pocas personas pueden nombrar los sesenta y seis libros de la Biblia, pero muchos podrían reconocerlos. La siguiente lista contiene doce impostores. ¿Puedes encontrarlos?

Nehemías	Hechos	3 Timoteo	Silas
Rut	2 Reyes	Hageo	Epístolas
Nahum	3 Juan	Job	Gedeón
Números	Judas	Zacarías	Ezequías
Esdras	Santiago	Sofonías	2 Corintios
Efesios	Juan	Abraham	Filemón
Hebreos	Miqueas	Lucas	Jueces
Elías	Gálatas	2 Pedro	2 Filipenses
Nabucodonosor	Romanos	Salmos	Amós
Ester	Cantar de los Cantares	Joel	Eclesiastés
Josué	Apocalipsis	Sidonios	Noé
Levítico	1 Reyes	Jonás	Éxodo
Lamentaciones	Ezequiel	Jacob	
Proverbios	Abdías	Colosenses	

¿Estás listo para la lista de los «supuestos»? Se encuentran en la página 323.

Aún sigues trabajando bastante duro. Tomemos un rápido recreo con la próxima lista. Pero para refrescar la memoria acerca de la historia, recordemos que Belsasar, descendiente de Nabucodonosor, ofreció una fiesta a sus nobles para adorar a sus ídolos de oro y plata. De repente, una mano apareció y comenzó a escribir en la pared:

MENE MENE TEKEL UPARSIN.

Por supuesto, el rey casi desmaya de temor, pero una vez repuesto llamó a sus astrólogos y adivinos para interpretar la escritura, ofreciendo recompensas al candidato que pudiera explicarla.

Ellos fallaron, y Daniel resolvió el misterio. Aquí les dejo la lista de:

DIEZ INTERPRETACIONES DE LA ESCRITURA EN LA PARED, OFRECIDAS POR LOS AGOREROS DE BELSASAR

10. Eenie, meenie, minie, moe.
9. ¡Vienen los británicos, vienen los británicos!
8. Lo que ves es lo que obtendrás.
7. Toma dos aspirinas y llámame en la mañana.
6. Estamos buscando a unos pocos hombres buenos.
5. Te estoy viendo, hijo.
4. ¿Dónde está el bistec?
3. ¿Es esa tu respuesta final?
2. Sí, Belsasar, Papá Noel existe.
1. Coma en lo de Joe.

¿QUIÉN DIJO? (PARTE 2: NUEVO TESTAMENTO)

Identifica quién habla. ¿Por qué? Porque yo lo digo.

1. «Señores, ¿qué tengo que hacer para ser salvo?»

   A. Un centurión
   B. Un eunuco etíope
   C. Ananías
   D. Un carcelero en Filipos

2. «Tú eres maestro de Israel...»

   A. Nicodemo, hablando a Jesús
   B. Jesús, hablando a Nicodemo
   C. Pedro, a Gamaliel
   D. Pablo, a Agripa

3. «... limpiará su era, recogiendo el trigo en su granero; la paja, en cambio, la quemará con fuego que nunca se apagará.»

   A. El apóstol Juan
   B. Jesús
   C. Juan el Bautista
   D. Pablo
   E. Simón, el Amish

4. «No permito que la mujer enseñe al hombre y ejerza autoridad sobre él; debe mantenerse ecuánime.»

   A. Pablo
   B. Pedro
   C. Jesús
   D. Timoteo

5. «¿Está permitido que un hombre se divorcie de su esposa por cualquier motivo?»

   A. Algunos fariseos
   B. Judas Iscariote
   C. Un escriba
   D. Los saduceos
   E. Micky Rooney

6. «Éstos no están borrachos, como suponen ustedes. ¡Apenas son las nueve de la mañana!»

   A. Esteban
   B. Saulo (antes de convertirse en Pablo)
   C. Pedro
   D. Lucas
   E. Moe, el cantinero

7. «Teman a Dios y denle gloria, porque ha llegado la hora de su juicio. Adoren al que hizo el cielo, la tierra, el mar y los manantiales.»

   A. El escritor a los Hebreos (desconocido)
   B. Un ángel
   C. Judas
   D. Santiago
   E. Demetrio el artífice

8. «Hemos descubierto que este hombre es una plaga que anda por todas partes provocando disturbios entre los judíos.»

   A. Caifás, el sumo sacerdote
   B. Pilato
   C. Félix, el gobernador
   D. Tértulo, un abogado

9. «¡Jesús, Hijo de David, ten compasión de mí!»

   A. Un demonio que había salido de un muchacho
   B. La suegra de Pedro
   C. Un leproso que fue bajado por el techo
   D. Un ciego llamado Bartimeo
   E. Lola, la prima de mi amigo

10. «Esto... es obra del Señor, que ahora ha mostrado su bondad al quitarme la vergüenza que yo tenía ante los demás.»

    A. María
    B. Pablo
    C. Elisabet
    D. Mateo

11. «¿Acaso entiende usted lo que está leyendo?»

    A. Pedro
    B. Felipe
    C. Jesús
    D. Ananías
    E. Cualquiera que está cerca de mí cuando abro un libro de historietas

12. «¡Vayan y derramen sobre la tierra las siete copas del furor de Dios!»

    A. Una fuerte voz que venía del templo
    B. Los siete truenos
    C. La gran ramera
    D. El ángel vestido de escarlata

13. «Llévense una guardia de soldados... y vayan a asegurar el sepulcro lo mejor que puedan.»

A. José de Arimatea
B. Pilato
C. Barrabás
D. María Magdalena

14. «Hijo, recuerda que durante tu vida te fue muy bien, mientras que a Lázaro le fue muy mal...»

A. Dios
B. Pedro
C. El padre del hijo pródigo
D. Abraham

15. «Miren, el Señor viene con millares y millares de sus ángeles para someter a juicio a todos y para reprender a todos los pecadores impíos...»

A. Santiago, citando a Isaías
B. Pablo, citando a Ezequiel
C. Judas, citando a Enoc
D. Pedro, citando a Jeremías
E. Stone Philips, citando a Billy Graham

16. « —¡Estás loco, Pablo! —le gritó—. El mucho estudio te ha hecho perder la cabeza.»

A. Agripa
B. César
C. Festo
D. Publio
E. Freud

Ahora sí les diré las respuestas correctas. Están en la página 323.

¡QUÉ OLOR A PESCADO!

Los peces han estado a nuestro alrededor siempre, y por eso tenemos muchas historias ictícolas. El Gran Libro también las tiene, así que sin dudarlo, tomen sus carnadas y lancen sus líneas para completar las siguientes oraciones.

1. Jesús mandó a Pedro a lanzar su línea, sacar el primer pez que pescase, y extraer una _____ de su boca.

2. Contrariamente al frecuente error, no fue una ballena, sino un gran pez el que tragó a _____.

3. Según el relato de Génesis, Dios creó a los peces (seres vivos en las aguas) en el día _____.

4. El escritor del libro de _____ (Antiguo Testamento) utiliza la analogía de los peces atrapados en una red para ilustrar a los hombres atrapados por una desgracia inesperada.

5. _____ les enseñó a Pedro y a Juan a jugar al Martín Pescador.

6. _____ y _____ estaban en un barco, preparando una red, cuando Jesús los llamó para que le siguieran.

7. Según el relato de Juan, los dos peces y cinco panes que Jesús utilizó para alimentar a cinco mil hombres pertenecían a un _____.

8. Moisés menciona específicamente la imagen de un pez como algo que no debía ser copiado para utilizarse como _____.

9. Luego de humillar a _____ poniéndole un anzuelo en sus narices, el rey de Asiria lo llevó a Babilonia. Él clamó a Dios y Dios lo trajo de vuelta a Jerusalén. Allí, reconstruyó el muro exterior de Jerusalén al oeste de Guijón hasta la entrada del Pescado.

10. Las criaturas acuáticas aceptables como alimento debían tener _____ y _____.

Las respuestas se encuentran nadando en la página 324.

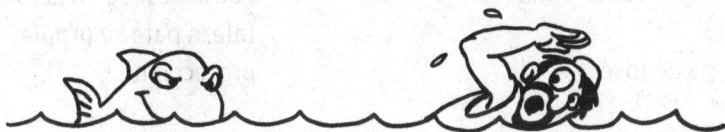

ENCERRADOS

Muchos personajes bíblicos cumplieron una condena por distintas razones, a veces por decir cosas inapropiadas sobre las personas incorrectas. (Me alegro de que nunca haya cometido ese error.) Tu tarea es unir a los encarcelados con su crimen. Esto te evitará estar ansioso por un rato.

1. Satanás

2. Pablo

A. Fue arrestado por un rey, aunque este rey lo consideraba justo

3. Sansón

4. Jeremías

B. Debía permanecer en la cárcel como garantía de una promesa

5. Pablo y Silas

6. José

C. Fue apresado en la fortaleza para su propia protección

7. Juan el Bautista

8. Micaías

D. Nunca le dijo al rey lo que el rey quería oír

E. «Si el guante no te queda, debes absolverlo»

9. Juan

10. Jananí el profeta

F. Exiliado en Patmos

11. Simeón

G. Liberado de prisión después de 1.000 años

12. O.J. Simpson

13. Joaquín

H. Reprendió al rey Asa, terminó en la cárcel

14. Espíritus

I. Con cadenas de bronce,

su sentencia de cárcel
fue un molino

J. La cárcel vino después
de los azotes (por ha-
blar a una sierva)

K. Luego de un largo
tiempo en prisión fue
liberado, y frecuente-
mente comía a la mesa
del rey

L. Mientras estaba en-
carcelado fue asisten-
te del guardia de la
prisión

M. Visitado por Cristo
mientras estaba preso

N. Su confinamiento tuvo
lugar durante el sitio
de Jerusalén por los
babilonios.

Bueno, veamos si pueden encontrar las respuestas en la celda
324.

«Sansón aquí, como les había prometido. Estoy impresionado de encontrarlos, ya que mis ojos se encuentran en un lugar diferente al que solían estar. Seguramente deben haber sobrevivido a esta parte del entrenamiento y pronto serán tan fuertes como yo, obviamente una vez que mi cabello haya vuelto a crecer. Un momento, mi cabello está creciendo, ¡llévenme por favor a los pilares de aquella casa! Gracias. Voy a contar hasta veinte para darles tiempo a escapar de este lugar. Uno... dos...»

(Ruidos, derrumbes, gritos...)

«Hola, soy Phyllis Steen para Noticias de Antaño. AL parecer Sansón ha recuperado su sorprendente fuerza y ha destruido el templo de Dagón, matando a todos los presentes, incluso a sí mismo. Aparentemente, nadie pensó en darle a Sansón un corte de cabello frecuente, y este fue el resultado. Los rescatistas dicen que Sansón puede haber sacado ventaja de una pequeña fisura en el templo, recibiendo ayuda desde su mismo cuero cabelludo. Las imágenes, en nuestra próxima edición.»

¿Sabes dónde está?
Páginas 290-292

1. 2 Reyes (19:35)
2. Filemón (10-19)
3. Joel (1:4)
4. 1 Tesalonicenses (5:2)
5. Eclesiastés (1:14)
6. Génesis (50:22-26)
7. Marcos (1:2-7)
8. 1 Crónicas (10:4)
9. Apocalipsis (9:3-8)
10. Lucas (23:40-43)
11. Zacarías (1:8-17)
12. Hechos (15:36-40)
13. Mateo (2:16)
14. 1 Juan (3:12)
15. Salmos (51:1)
16. Esdras (5:1-2)
17. Ester (7:9-10)
18. 1 Samuel (1:12-18)

En familia (parte 2)
Páginas 293-294

1. Verdadero (Mt 14:3-11)
2. Falso (1 R 11:3)
3. Falso (Gn 16:1-4)
4. Verdadero (1 Cr 20:5)
5. Verdadero (Dn 1:3-7)
6. Verdadero (Mt 4:18-21)
7. Falso (Job 1:2, 8-19)
8. Verdadero (1 S 1:1-2, 19-20)

9. Falso (Hch 8:26) (Si no la sabías, me preocupa)
10. Verdadero (2 S 8:18; 1 Cr 18:17)
11. Falso (1 Co 5:1)
12. Verdadero (Mt 1:16)
13. Falso (1 Ti 5:3-16)
14. Verdadero (2 Cr 24:1)
15. Falso (Gn 10:8)
16. Verdadero (Jue 21:15-23)
17. Verdadero (1 P 5:13)
18. Verdadero (1 S 18:17-27)
19. Falso (Ap 6:2)
20. Falso (Flm 22)

Es un juego de números
Páginas 296-301

1. B. (Gn 14:14)
2. D. (Mt 18:24)
3. B. (Hch 27:37)
4. C. (1 S 27:2)
5. D. (Ez 48.9-11)
6. C. (2 Co 11:24-25)
7. A. (1 Ti 5:9)
8. D. (Sof 2:9; 3:13)
9. A. (Pr 9:1)
10. B. (Rut 3:15)
11. B. (Gn 18:22-33)
12. D. (Job 42:12)
13. C. (Neh 5:14)
14. A. (Mr 6:41)
15. A. (Ap 4:4)
16. D. (Lc 2:42)
17. C. (Est 8:9)

18. B. (Éx 12:3-8)

Metáforas
Páginas 296-297
1. J. (Mt 16:18)
2. O. (Pr 21:6)
3. E. (Gn 28:16-19)
4. F (1 Ts 5:2)
5. L. (2 P 2:17)
6. B. (Cnt 4:1)
7. D. (Pr 3:21-22)
8. A. (Stg 3:6)
9. C. (1 S 17:43)
10. H. (Hch 9:18)
11. K. (Job 21:17-18)
12. P. (Gn 49:3-4)
13. G. (1 Cr 21:17)
14. M. (2 S 17:8)
15. I. (Jue 14:18)
16. N. (1 Co 13:1)
17. Q. (Sal 55:21)

Se los he advertido
Páginas 304-306

1. Verdadero (Hch 20:23)
2. Falso (Gn 19:14)
3. Falso (Dn 3:15)
4. Verdadero (Mt 2:12-13)
5. Verdadero (Jon 3:4-10)
6. Falso (Lc 17:30-32)
7. Falso (Ez 3:16-19)
8. Verdadero (Ap 8:13)

9. Verdadero (Jer 26:2-11)
10. Falso (Mt 26:34, 69-75)
11. Verdadero (Éx 7-12)
12. Verdadero (1 Ti 3:6-7)
13. Verdadero (Dt 4:1-4)
14. Falso (Tit 3:10)
15. Falso (Jos 24:19-23)
16. Verdadero (2 Cr 21:12-20)
17. Verdadero (Ap 22:18-19)

No lo creo
Páginas 307-308

1. Ezequías
2. 3 Timoteo (Solo existen dos)
3. Elías
4. Gedeón (Él tiene una organización)
5. Abraham
6. Nabucodonosor
7. 2 Filipenses
8. Noé
9. Sidonios
10. Silas
11. Epístolas
12. Jacob

¿Quién dijo? (parte 2: Nuevo Testamento)
Páginas 310-313

1. D. (Hch 16:27-31)
2. B. (Jn 3:10)
3. C. (Mt 3:12)
4. A. (1 Ti 2:12)

5. A. (Mt 19:3)
6. C. (Hch 2:15)
7. B. (Ap 14:6-7)
8. D. (Hch 24:1-5)
9. D. (Mr 10:46-47)
10. C. (Lc 1:25)
11. B. (Hch 8:30)
12. A. (Ap 16:1)
13. B. (Mt 27:65)
14. D. (Lc 16:25)
15. C. (Jud 14)
16. C. (Hch 26:24)

¡Qué olor a pescado!
Páginas 314-315

1. Moneda (Mt 17:27)
2. Jonás (Jon 1:17)
3. Quinto día (Gn 1:20-23)
4. Eclesiastés (Ec 9:12)
5. Nadie (Deberás creerme sobre este asunto.)
6. Jacobo, Juan (Mt 4:21-22)
7. Muchacho (Jn 6:9)
8. Ídolos (Dt 4:15-18)
9. Manasés (2 Cr 33:10-14)
10. Aletas, escamas (Lv 11:9)

Encerrados
Páginas 316-318

1. G. (Ap 20:7)
2. C. (Hch 23:10)
3. I. (Jue 16:21)

4. N. (Jer 32:2)
5. J. (Hch 16:19-24)
6. L. (Gn 39:20-23)
7. A. (Mr 6:17-20)
8. D. (2 Cr 18:7, 25-26)
9. F. (Ap 1:9)
10. H. (2 Cr 16:7-10)
11. B. (Gn 42:18-24)
12. E. (Johnnie Cochran)
13. K. (2 R 25:27-30)
14. M. (1 P 3:18-19)

Sí, llegó el momento en el que nos deshacemos de un tipo de líquido en nuestro cuerpo cuando nos ponemos sin ropas debajo de otra clase de líquido. ¿Parece tonto, no es así? Sin embargo, ya que estamos hablando de este tema, veamos cuántas de estas personas sin su vestuario puedes identificar.

¡EY!, NO ESPÍEN

1. Cuando el profeta Ezequiel dijo: «... Has expuesto tus vergüenzas y exhibido tu desnudez...» se refería a:

    A. Judá
    B. Gómer (la esposa de Oseas)
    C. La esposa de Potifar
    D. Jerusalén
    E. Madonna

2. Oseas declara que Dios castigará a Israel y la desnudará por completo como:

    A. En el día en que nació
    B. Un desierto
    C. La esposa de Adán, Eva, en el día en que fue creada
    D. Un cordero esquilado
    E. Las opciones A y B
    F. Ninguna de las anteriores

3. Según el relato de Mateo, ¿qué sucedió con las ropas de Jesús luego de su crucifixión?

    A. Las tomaron los ancianos
    B. Los soldados echaron suertes sobre ellas
    C. María y María Magdalena se las llevaron
    D. José de Arimatea las compró

4. ¿Qué sucedió antes de que Cam viera la desnudez de su padre?

   A. Noé se embriagó
   B. Noé se había bañado en el Éufrates
   C. Noé estaba lavando sus ropas
   D. La esposa de Noé estaba cosiendo sus ropas
   E. Noé había estado tomando sol

5. Según Amós, cuando el Señor juzgue a Israel, «... huirá desnudo _____»

   A. El idólatra que ha desobedecido a Dios
   B. El hijo con la madre
   C. El hijo de Jacob
   D. El más valiente de los guerreros

6. Lucas habla de un hombre poseído por demonios que andaba desnudo. Antes de ser sanado por Jesús, ¿dónde vivía?

   A. Cerca de la sinagoga
   B. Con el cuñado de Pedro
   C. En los sepulcros
   D. En el desierto
   E. En un centro nudista

7. «Desciende, siéntate en el polvo,... Tu desnudez quedará al descubierto; quedará expuesta tu vergüenza.» Esto es parte del juicio de Dios sobre:

   A. Persia
   B. Babilonia
   C. Israel
   D. Asiria

E. Ninguna de las anteriores

8. Luego de comer el fruto prohibido, Adán y Eva rápidamente reconocieron que estaban desnudos. ¿Quién fue el primero en mencionarlo?

    A. La serpiente
    B. Adán
    C. Eva
    D. Dios
    E. La mamá de Eva

9. Jesús dijo: «¡Cuidado! ¡Vengo como un ladrón!...» ¿Qué dos acciones se recomiendan para que nadie se avergüence de estar desnudo?

    A. Andar en el Espíritu
    B. Estar despiertos
    C. Alabar al Cordero
    D. Rechazar la marca de la bestia
    E. Tener su ropa a mano

10. Cuando Pablo retóricamente pregunta si la desnudez puede separar a un creyente del amor de Cristo, también menciona todas menos una de las siguientes cosas:

    A. Hambre
    B. Tribulación
    C. Peligros
    D. Cárcel
    E. Persecución

11. El profeta menor condenó a aquel que embriagaba a su vecino para contemplar su desnudez. (Sí, sí, eso dice.)

A. Habacuc
B. Sofonías
C. Joel
D. Miqueas

12. Luego de los diez mandamientos se menciona una regla acerca del exponerse a uno mismo. Se trata de:

A. Acercarse al monte santo sin ropas
B. Cubrirse dentro del Tabernáculo de reunión
C. Exponerse a uno mismo al subir los escalones del altar del Señor
D. Desnudar a las tribus enemigas

13. Ella no tuvo hijos, ostensiblemente por acusar a su esposo de tener vestimenta indecorosa mientras danzaba:

A. Noemí
B. Jezabel
C. Vasti
D. Mical
E. Cloé

14. Este profeta pasó tres años «en paños menores» como señal contra Egipto y Cus.

A. Isaías
B. Jeremías
C. Habacuc
D. Daniel
E. Eliseo

Ahora, desnudaré las respuestas, y examinaremos la verdad desnuda. (Para no avergonzarme, voy a volver a mirar las respuestas en la página 370.)

Siempre he sido un fanático de Moisés. Debemos admitirlo, esta historia es única. Desde sus comienzos en la cesta flotante hasta sus pasadas por la corte de Faraón, sus experiencias en la cima de la montaña... Realmente vale la pena mantener viva la historia con esto.

¡ASÍ SE HACE, MOI! (TERCERA PARTE)

(El último de los «Moi»canos)

Verdadero/Falso

___ 1. El libro de Números menciona a un hombre llamado Hobab, a quién Moisés rogó que los acompañase para guiar al pueblo a través del desierto. Hobab era el cuñado de Moisés.

___ 2. Cuando el pueblo comenzó a quejarse porque no comían carne, Moisés le dijo a Dios: «Si éste es el trato que vas a darme, ¡me harás un favor si me quitas la vida!»

___ 3. El Señor envió miles de codornices para alimentar a los israelitas, y cuando vio cómo el pueblo le alababa por ellas, se arrepintió de haberse airado con ellos.

___ 4. Aarón y María comenzaron a murmurar contra Moisés porque mientras él era célibe, enseñaba al pueblo a casarse.

___ 5. Como resultado de sus transgresiones, Dios castigó a Aarón y a María con lepra.

___ 6. De los doce hombres que Moisés envió a reconocer Canaán, solamente Josué animó al pueblo a tomar la tierra inmediatamente.

___ 7. Luego de que el pueblo amenazó con amotinarse contra Moisés y volver a Egipto, Dios quiso destruirlos, pero Moisés rogó por sus vidas.

___ 8. Todos los hombres responsables por los informes desalentadores sobre Canaán murieron de una plaga.

___ 9. El día después de que Coré y sus seguidores fueran tragados por la tierra a causa de su rebelión, los israelitas se arrepintieron.

___ 10. Cuando Moisés colocó doce varas (una por cada tribu) en el tabernáculo de reunión, la vara de Aarón reverdeció y produjo almendras.

___ 11. El Señor advirtió a Aarón que él y su familia llevarían la responsabilidad por cualquier ofensa contra el santuario, y le dijo expresamente que cualquiera que se acercase a las cosas sagradas moriría.

___ 12. María murió en el desierto de Zin, justo antes de que Moisés golpeara la roca que produjo agua.

___ 13. Aunque Moisés hizo dos ofrecimientos razonables al rey de Edom, pidiendo poder pasar por su tierra, el rey los rechazó.

___ 14. Luego de ser mordido por una de las serpientes venenosas que envió el Señor, Aarón murió antes de que Moisés construyera la serpiente de bronce.

___ 15. Balán fue contactado en un principio para asistir a Israel acerca de una disputa con Moab por unas tierras.

___ 16. Moisés ordenó al pueblo que una vez que entrasen en

Canaán, debían aliarse solamente con las tribus a las que no pudieran derrotar.

____ 17. Moisés se encargó de proveer para que el pueblo pudiese elegir un rey, una vez establecidos en la tierra prometida.

____ 18. Moisés instruyó a los ejércitos para que ofrecieran a las ciudades distantes la posibilidad de someterse pacíficamente a los israelitas. Si ellos se rehusaban, los israelitas sitiarían las ciudades.

____ 19. Dios le dio a Moisés la letra de una canción y le ordenó que la enseñase al pueblo.

____ 20. Luego de su muerte en el Monte Nebo, Josué y los sacerdotes lo enterraron mirando hacia la tierra prometida.

____ 21. Deuteronomio concluye diciendo «Nadie ha demostrado jamás tener un poder tan extraordinario, ni ha sido capaz de realizar las proezas que hizo Moisés...»

Y así termina la historia, ahora vayamos a las respuestas en la página 370.

¡ORDEN EN LA SALA!

En el Antiguo Testamento hay tantos reyes como para confundir a la persona promedio (Estoy trabajando duro para que no me suceda eso). Intenta poner esta lista de reyes en el orden en el que la Biblia establece que han reinado, desde el primero hasta el último.

Para hacerlo un poco más fácil, los dividiré en tres secciones, que se explican a sí mismas.

GRUPO UNO: ANTERIORES A LA DIVISIÓN DEL REINO

Salomón	Saúl	Roboam
David	Is-Boset	Adonías*

*Técnicamente correcto, aunque discutible. Ponlo en el lugar correcto.

1. _____   4. _____

2. _____   5. _____

3. _____   6. _____

GRUPO DOS: REYES DE JUDÁ (REINO DEL SUR)

Joram	Jotán	Sedequías
Azarías (alias Uzías)	Ezequías	Roboam
Joás	Asa	Acaz
Abiam	Joacim	Amasías
Atalía (una mujer, la	Josafat	Manasés
única reina en Judá)	Joaquín	Amón
Joacaz	Josías	Ocozías

1. _____   11. _____

2. _____   12. _____

3. _____   13. _____

4. _____   14. _____

5. _____   15. _____

6. _____   16. _____

7. _____   17. _____

8. _____   18. _____

9. _____   19. _____

10. _____   20. _____

(Sí, sé que es difícil, pero la vida no es un lecho de rosas. ¡Adelante!)

GRUPO TRES: REYES DE ISRAEL (REINO DEL NORTE)

Joacaz (Es el mismo nombre pero no es la misma persona de la lista anterior)
Joás (Es el mismo nombre pero no es la misma persona de la lista anterior)
Joram (Es el mismo nombre pero... parezco un CD rayado)

Ela
Zacarías
Nadab
Jeroboam I
Salún
Tibni
Zimri
Basá
Ocozías
Acab
Jeroboam II

Pecaj
Omrí
Menajem
Pecajías
Joacaz
Jehú
Oseas

1. _____

2. _____

3. _____

4. _____

5. _____

6. _____

7. _____

8. _____

9. _____

10. _____

11. _____

12. _____

13. _____

14. _____

15. _____

16. _____

17. _____

18. _____

19. _____

20. _____

Bueno, prometo que volveremos a algo más fácil (y más entretenido, espero) antes de que examinen las respuestas. Pero uno nunca sabe cuándo alguien vendrá a preguntarnos: «¿Oye, _____ (Inserten su nombre aquí), fue Menajem u Oseas el que derrocó a Pecajías antes de que Israel cayera en manos de los asirios?» Y créanme que mejor es que sepan la respuesta. Así que los invito a la página 371, y felicitaciones si han tenido aunque sea un puñado de estos reyes en orden. Suspiremos, y salgamos de aquí.

ÉL DICE, ELLA DICE

El Gran Libro posee muchas conversaciones entre hombres y mujeres, y algunos ejemplos de respuestas de mujeres a Dios. ¿Puedes elegir las respuestas correctas a las siguientes preguntas?

1. Asuero le dijo a Ester: «¿Qué te pasa, reina Ester? ¿Cuál es tu petición? ¡Aun cuando fuera la mitad del reino, te lo concedería!». Ella dijo:

   A. Que el gran rey permita a mi tío, Mardoqueo, vivir en el palacio.
   B. Vengan hoy el rey y Amán al banquete que he preparado para el rey.
   C. Permíteme volver a Jerusalén, para reconstruir la ciudad.
   D. Si al rey le place dar una ciudad a mi pueblo en la parte sur del reino.
   E. Me encantarían unos jeans Tommy.

2. Cuando una mujer cananea se acercó a Jesús para que sanase a su hija, Jesús dijo: «No fui enviado sino a las ovejas perdidas del pueblo de Israel...». Y ella respondió:

   A. Maestro, mi hija es una muchacha inocente.
   B. Sin la misericordia de Dios, ¿no somos como perros?
   C. No solo de pan vive el hombre, sino de toda palabra que sale de la boca de Dios.
   D. Sí, Señor; pero hasta los perros comen las migajas que caen de la mesa de sus amos.

3. El ángel del Señor encontró a Agar en el desierto cerca de una fuente de agua. Le dijo: «Agar, esclava de Saray, ¿de dónde vienes y a dónde vas?». Ella dijo:

A. Vuelvo a Egipto, a mi gente.
B. Al pueblo de Shur, a esconder mi vergüenza.
C. Huyo de mi dueña, Saray.
D. Voy a morir en el desierto.

4. Pedro preguntó a Safira: «... ¿vendieron ustedes el terreno por tal precio?». Ella dijo:

A. Mi esposo no te mentiría.
B. Sí, por tal precio.
C. ¿Ananías y yo tentaríamos al Espíritu de Dios?
D. No, mi esposo se quedó con parte del dinero.
E. Sí, luego de deducir los impuestos y la comisión inmobiliaria.

5. La esposa de Job dijo: «¿Todavía mantienes firme tu integridad? ¡Maldice a Dios y muérete!». Él contestó:

A. ¿Cómo puede un hombre maldecir a Dios? ¿Puede un buey maldecir a su amo?
B. El Señor me está probando. ¿Daré mi último respiro sin haber soportado la adversidad?
C. Mujer, hablas como una necia. Si de Dios sabemos recibir lo bueno, ¿no sabremos también recibir lo malo?
D. La vida y la muerte son herramientas de Dios. Él me dará reposo.
E. Alicia, voy a enviarte a la luna.

6. Los siervos de David dijeron a Abigail: «David nos ha enviado para pedirle a usted que se case con él». Ella dijo:

A. Soy la sierva de David, y estoy para servirle. Incluso estoy dispuesta a lavarles los pies a sus criados.
B. No puedo ir con ustedes hasta haber cumplido el luto por mi esposo, Nabal. Que mi señor tenga misericordia.

C. Permitan a su sierva que prepare un banquete en honor a mi señor.

D. ¿Podría un hombre como David casarse con la viuda de un calebita?

E. Disculpen, no me casaré sin tener una primera cita.

7. El rey Herodes dijo a la hija de Herodías: «Pídeme lo que quieras y te lo daré». Ella dijo:

A. Quiero que liberes a Barrabás.

B. Quiero que mandes matar a todos los menores de dos años.

C. Quiero ahora mismo la cabeza de Juan el Bautista.

D. Quiero que me hagas tu reina.

8. Rut dijo, a los pies de Booz: «Soy Rut, su sierva. Extienda sobre mí el borde de su manto, ya que usted es un pariente que me puede redimir». Él contestó:

A. Vuelve a tu suegra Noemí, pues soy muy avanzado en años para ser tu esposo.

B. ¿Por qué interrumpes mi sueño? ¿No sabes cuán extenuante es mi trabajo, y que solo tengo unas pocas horas para descansar?

C. Quédate a mi lado. Tú eres una mujer noble, hija mía.

D. Que el Señor te bendiga, hija mía. Esta nueva muestra de lealtad de tu parte supera la anterior... Haré por ti todo lo que me pidas.

E. ¿Crees que puedes venir aquí, acostarte y acaparar los mantos? ¡Yo no lo creo!

9. Marta le dijo a Jesús: «Señor, ¿no te importa que mi hermana me haya dejado sirviendo sola? ¡Dile que me ayude!». Él le respondió:

A. Estás inquieta y preocupada por muchas cosas, pero solo una es necesaria. María ha escogido la mejor...

B. Cualquiera que sirva al Señor será bendecido cien veces más por el Padre.

C. Ambas han mostrado amor por mí, y no juzgaré entre ustedes. Ahora muestren ese amor entre ustedes.

D. Mujer, ¿por qué me pones como juez por sobre tu hermana? Solo hay un juez, y es Dios.

E. Alguien aquí necesita una siesta.

10. Cuando la adivina de Endor vio el espíritu de Samuel, gritó y dijo a Saúl: «¡Pero si usted es Saúl! ¿Por qué me ha engañado?». Él le dijo:

A. No se lo dirás a nadie, pues el día que lo hagas, perderás tu vida.

B. No tienes nada que temer. Dime lo que has visto.

C. Soy tu rey, y mi reino está en peligro. Harás lo que yo te diga.

D. Estoy desesperado, y Samuel es el único que puede ayudarme. Dime lo que su espíritu te diga.

11. El Señor dijo a Eva: «¿Qué es lo que has hecho?» Ella respondió:

A. Estaba muy hambrienta, y la fruta estaba muy cercana.

B. La serpiente me engañó, y comí.

C. Adán dijo que seguramente nos perdonarías.

D. Solo he comido lo que pusiste aquí.

E. ¿Por qué estamos aquí?

12. Débora envió a llamar a Barac y le dijo: «Ve y reúne en el monte Tabor a diez mil hombres de la tribu de Neftalí y de la tribu de Zabulón. Yo atraeré a Sísara, jefe del ejército de

Jabín, con sus carros y sus tropas, hasta el arroyo Quisón. Allí lo entregaré en tus manos». El contestó:

A. Solo iré si tú me acompañas; de lo contrario, no iré.
B. Sísara es un comandante entrenado, no será fácil engañarlo.
C. Nuestro ejército es muy pequeño. Los hombres de Jabín nos matarán.
D. No es la voluntad de Dios que una mujer lidere el ejército. Manda a tu esposo Lapidot en tu lugar.

13. Jesús dijo a la mujer samaritana: «Bien has dicho que no tienes esposo. Es cierto que has tenido cinco, y el que ahora tienes no es tu esposo. En esto has dicho la verdad». Ella dijo:

A. ¿Será una samaritana juzgada como judía?
B. Tú sabes esto puesto que eres el Mesías. Perdóname, oh, Hijo de Dios.
C. ¿Por qué me hablas? ¿No es que los samaritanos somos considerados como perros a vuestros ojos?
D. Señor, me doy cuenta de que tú eres profeta.
E. Sí, unos maridos más y seré como Liz Taylor.

14. En Cantares 2, La amada dice: «Yo soy una rosa de Sarón, una azucena de los valles». El amado dice:

A. No hay flor más fragante que crezca en la tierra.
B. Oh, mi amor es como una rosa roja.
C. Como azucena entre las espinas es mi amada entre las mujeres.
D. Todas las flores del valle son el lecho nupcial de mi amada.

15. Mical, hija de Saúl y esposa de David, dijo a David: «—¡Qué

distinguido se ha visto hoy el rey de Israel, desnudándose como un cualquiera en presencia de las esclavas de sus oficiales!» Él respondió:

A. ¿Cómo te atreves a juzgarme, hija de Saúl? Debo recordarte cómo el Señor trató los pecados de tu padre.

B. Dios ha restaurado el arca del pacto a su lugar, y ninguna celebración de la misericordia de Dios es vulgar.

C. ¿Estás celosa de lo que el Señor hizo? Las siervas celebraron conmigo, ¿por qué no puedes ser justa como ellas?

D. Lo hice en presencia del Señor, quien en vez de escoger a tu padre o a cualquier otro de su familia, me escogió a mí y me hizo gobernante...

Yo dije: Las respuestas están en la página 373.
Ustedes dijeron: ¡Gracias!

Tiempo de otro recreo de humor. Aquí tienes una lista de las:

DIEZ COSAS QUE ADÁN Y EVA RECONOCIERON CUANDO COMIERON DEL ÁRBOL DE LA CIENCIA DEL BIEN Y DEL MAL

10. Los iraquíes mentían acerca de las armas químicas.
9. Los salarios de los beisbolistas son demasiado altos.
8. Solo necesitamos una tarjeta de crédito.
7. Papá Noel no existe.
6. La serpiente hablaba un hebreo muy malo.
5. Ninguno de ellos tenía ombligo.
4. La lucha profesional estaba arreglada.
3. Las Spice Girls no tenían talento para nada.
2. Las hojas de higuera debían lavarse en programa de lavado de ropa fina.
1. No todos los ángeles eran tan lindos como Roma Downey.

¿Podrías nombrar a las partes que participaron en estas transacciones? Yo formulo las preguntas y tú las completas, ¿está bien?

TRATO HECHO

1. «Allí tienes toda la tierra a tu disposición. Por favor, aléjate de mí. Si te vas a la izquierda, yo me iré a la derecha, y si te vas a la derecha, yo me iré a la izquierda.» Este acuerdo de territorios se llevó a cabo entre _____ y _____.

2. Luego de un fuerte desacuerdo, _____ eligió a Silas y se dirigió a Siria, mientras que su compañero _____ eligió a Marcos y partió para Chipre.

3. Luego de ponerse de acuerdo en un tiempo determinado, el rey _____ autorizó a _____ a retornar a Judá para reparar la santa ciudad de sus padres.

4. El reino potencial de Salomón estaba en cuestión hasta que un «trato» tuvo lugar entre _____ y _____.

5. Un demonio llamado _____ realizó un trato con _____, quien le permitió entrar en un hato de cerdos.

6. _____ accedió a continuar cuidando de las ovejas de _____, recibiendo cualquier oveja o cabrito moteados o manchados, o corderos oscuros, como paga.

7. En Apocalipsis, las _____ ofrecen su poder de gobierno a _____.

8. Como parte de un trato, _____ le dio a
_____, una túnica, una espada y un talabarte.

9. _____ preguntó a los _____ cuánto le pagarían
por entregarles a Jesús, y el trato consistió en treinta
piezas de plata.

10. Isaías menciona que estos _____ han entrado
en pacto con la _____, refugiándose en una mentira.

11. El discurso de _____ al _____ los
convenció de liberar a Pedro y a los apóstoles después de
azotarles.

12. Luego de escuchar acerca de Jericó y Hai, los _____
se las ingeniaron para engañar a _____ y hacerle
convenir en un trato con ellos.

13. _____ y _____ convinieron en engañar a
los apóstoles acerca de las ganancias por la venta de su
heredad.

14. Más de cuarenta _____ conspiraron y juraron no comer
hasta haber matado a _____.

15. El escritor de Hebreos menciona el primer acuerdo de
diezmos, que tuvo lugar cuando _____ dio los
diezmos de su botín de guerra a un sacerdote llamado
_____.

Ahora, hagamos otro trato: Considerando tus sinceros esfuerzos por completar estas preguntas, he colocado las respuestas en la página 373.

EL SONÁMBULO

Ya tienes mucho, mucho sueño. Cuando cuente hasta tres, te convertirás en el mejor jugador de ejercicios de conocimiento bíblico. ¿Estás listo? ¡Uno... dos... tres! Ahora encuentra las respuestas a estas preguntas acerca de dormilones... ¡Oye, despierta!

1. Se burló de los profetas de Baal, preguntándoles si su dios estaba durmiendo.

   A. Eliseo
   B. Acab
   C. Balaam
   D. Elías

2. ¿Dónde estaban Jesús y los discípulos cuando ellos se durmieron mientras él oraba?

   A. Monte Nebo
   B. El aposento alto
   C. El Monte de los Olivos
   D. El atrio del templo

3. Mientras Daniel estaba en el foso de los leones, esta persona no podía dormir.

   A. Jezabel
   B. El rey Darío
   C. El rey Nabucodonosor
   D. El rey Ciro
   E. King Kong

4. Estaba acostado, cuando el Señor lo llamó cuatro veces.

A. Elí
B. Samuel
C. Salomón
D. Ismael

5. Aunque esta persona era un cadáver, Jesús se refirió a él/ella como alguien que dormía. Luego, tomó su mano y el cuerpo volvió a la vida.

A. La madre de Pedro
B. Un endemoniado que había muerto
C. Lázaro
D. La hija de Jairo

6. No había dormido bien por veinte años.

A. Jacob
B. Josué
C. Nehemías
D. Judá

7. ¿Dónde durmió Urías cuando David lo hizo venir de la guerra?

A. En su casa con Betsabé, su esposa
B. En un cuarto del palacio de David
C. En la cueva de Macpela
D. En la entrada del palacio
E. En un hotel cerca de la franja de Gaza

8. Había estado durmiendo, pero un terremoto lo despertó.

A. Pedro
B. Pablo
C. Silas

D. Un carcelero en Filipos

9. Dormía en un barco cuando el atemorizado capitán lo despertó.

    A. Joel
    B. Pablo
    C. Jonás
    D. Jesús
    E. Leonardo DiCaprio

10. Estaba atado con cadenas y dormía entre dos soldados, cuando un ángel apareció en su celda, lo despertó y lo liberó.

    A. Pedro
    B. Ezequiel
    C. Pablo
    D. Jacob
    E. Ninguno de los anteriores.

11. Quiso matar a Saúl mientras dormía, pero David no se lo permitió.

    A. Jonatán, hijo de Saúl
    B. Abisay, hijo de Sarvia
    C. Ajimélec
    D. Aquis

12. Mientras dormía luego de combatir en la batalla, Sísara, un capitán del ejército, fue muerto por esta mujer.

    A. Jael, esposa de Héber
    B. Jezabel
    C. Débora, jueza de Israel

D. Acsa, hija de Caleb

13. Mientras Jesús y los apóstoles cruzaban el mar en su barca se encontraron en medio de una tormenta. Jesús dormía sobre un cabezal. ¿Qué discípulo lo despertó?

A. Pedro
B. Jacobo y Juan
C. Todos (no se menciona uno específicamente)
D. Tomás
E. Nadie, despertó solo

14. ¿Cuál de las siguientes frases acerca de Sansón, Dalila y el sueño es verdadera?

A. Cada vez que Sansón le decía a Dalila el secreto de su fuerza, ella intentaba seguir sus instrucciones mientras él dormía.
B. Dalila solo intentó hacer que Sansón durmiera una vez, y esa vez rapó su cabeza.
C. A Sansón le quitaron los ojos mientras dormía, luego los filisteos lo ataron y afeitaron su cabeza.
D. De las cuatro veces que Sansón habló de su secreto con Dalila, en dos de ellas parece que le permitió probarlo mientras estaba despierto.
E. La verdad acerca de la fuerza de Sansón era que él venía de Kriptón, y había llegado como un bebé. (Su identidad secreta era Clark el Ceneo)

15. Según Proverbios 4, al malvado se le va el sueño hasta que:

A. Daña al inocente
B. Mancha de maldad a su vecino
C. Habla perversamente
D. Hace caer a alguien

E. Cuenta ovejitas malas

Tres, dos, uno. Bueno, despierta y ve a la página 374 para tus respuestas.

Perder un esposo no es fácil (aunque a veces ustedes deben correr muy rápido, mujeres, ¿no es así?) Eso no fue gracioso porque estoy hablando de perder un esposo. Y hay muchos casos de estos en la Biblia. Así que antes de terminar el entrenamiento, comencemos...

OTRO JUEGO SOBRE VIUDAS

Verdadero / Falso

___ 1. El libro de Rut cuenta la historia de una viuda que termina siendo la bisabuela del rey David.

___ 2. La viuda del ejemplo de las ofrendas realmente puso dos monedas de cobre muy pequeñas en el tesoro del templo.

___ 3. Jezabel murió cuando accidentalmente cayó de una ventana y luego fue comida por los perros.

___ 4. Ana, una profetisa y viuda que conoció a María y José (con el niño Jesús) siempre estaba en el templo.

___ 5. María, la madre de Jesús, enviudó cinco años antes de la crucifixión de Jesús, según el relato del libro de los Hechos.

___ 6. El Señor envío a Elías a Sarepta de Sidón, a casa de una viuda. Elías llegó allí hambriento y sediento. La viuda, instruida por Dios, ya le había preparado un banquete.

___ 7. Judá tenía una nuera viuda llamada Tamar. Ella lo engañó para tener un hijo suyo como último recurso, ya que todos sus maridos morían.

___ 8. El rey David forzó a diez concubinas a vivir como viudas.

___ 9. La primera mención de Esteban en la Biblia se relaciona con quejas de que ciertas viudas eran desatendidas en la distribución de los alimentos para los necesitados.

___ 10. En 1 Corintios, Pablo establece que el llamado supremo para las viudas (en especial para las que podían tener hijos) era casarse nuevamente apenas pudiese suceder, ya que Dios dijo a Noé que debía fructificar y multiplicarse.

___ 11. Elí, el sacerdote, tenía una nuera que murió durante el trabajo de parto poco después de conocer que había enviudado.

___ 12. Pedro reprendió a una mujer llamada Tabita por robar del tesoro de las viudas de Jope. Luego ella murió.

___ 13. El profeta Hageo compara a que aquellos que oprimen a las viudas, con los adúlteros, adivinos y perjuros.

___ 14. Joab, hijo de Sarvia, reclutó a una mujer de Tecoa para hacerse pasar por viuda e intentar engañar al rey Salomón.

___ 15. Santiago ofreció dos componentes para definir la religión pura y sin mácula, y uno de ellos era cuidar de las viudas.

Las respuestas se encuentran en la página 374.

DIEZ RAZONES POR LAS QUE SODOMA ERA UNA CIUDAD MALVADA

10. El cartel en la entrada a la ciudad decía: Bienvenidos a Sodoma, casa de menos de diez justos.
9. Frecuentemente se veía a niños apedreando monjas.
8. La mascota de la ciudad era una mangosta.
7. Solo los residentes consideraban que la moral era un letargo inerte.
6. Los ciudadanos eran en su mayoría políticos o vendedores de autos.
5. Tenían una gigantesca compañía de comercialización de navajas y cocaína.
4. Por la incertidumbre, los niños decían «Mamá» a todas las mujeres y «Papá» a todos los hombres.
3. El diablo había estudiado en la escuela local.
2. El único lugar religioso tenía como autoridad al Grinch.
1. Una vez cada tanto, se jugaba al hockey.

Bueno, casi has llegado al final de Mi libro de ejercicios de conocimiento bíblico, y tu mejor momento está por llegar. (Esto será cuando completes tu último juego, te des una palmada en la espalda y vayas a comprar diez copias para regalarles a tus amigos y familiares, para ver si lo hacen tan bien como tú.)

De todas maneras, hablando de mejores momentos, veamos como realizas este último desafío acerca de los mejores momentos de algunos personajes bíblicos.

SE CIERRA EL TELÓN

1. Luego de fallar en la conquista de Hai, en su primer intento, llevó a los israelitas a una victoria. Luego leyó la ley entre los montes Ebal y Guerizín.
   Respuesta: _____

2. Parte de su «redención» ocurrió cuando sus tres amigos ofrecieron sacrificios por sus pecados y él oró por ellos.
   Respuesta: _____

3. Su mejor momento puede haber sido cuando Jesús habló con ella después de su resurrección, y ella fue a contárselos a los discípulos.
   Respuesta: _____

4. Su momento vino cuando el rey Sedequías buscó su consejo acerca del destino del rey en vista de la derrota de Jerusalén por los babilonios.
   Respuesta: _____

5. Su momento inolvidable estaba relacionado con un pozo en el desierto de Berseba, revelado a ella por Dios.
   Respuesta: _____

6. Aunque sus muchos milagros eran algo difícil de imitar, logró salir del escenario en carrozas de fuego.
   Respuesta: _____

7. Aunque no reaccionó como ellos querían, debe haber sentido alguna especie de honor cuando fue «deificado»

en Listra y llamado Zeus.

Respuesta: _____

8. Tuvo mejores días después de que su esposo la comprase y libertase de la esclavitud y la prostitución.

    Respuesta: _____

9. Su pacto con Dios implicó la circuncisión, y si esto se celebró a sus noventa y nueve años, debe haber sido un momento muy importante para este hombre. Su hijo y toda su familia participaron de esto. (¿Habrán llamado a la policía los vecinos cuando se escucharon gritos?)

    Respuesta: _____

10. El sumo sacerdote tuvo su gran momento al encontrar el Libro de la Ley y entregarlo al rey Josías.

    Respuesta: _____

11. Sus últimas palabras registradas por alguien más fueron: «... quiero que sepan que esta salvación de Dios se ha enviado a los gentiles, y ellos sí escucharán».

    Respuesta: _____

12. Antes de salir del escenario reprendió a varios hombres por tomar mujeres extranjeras, tirando de sus cabellos y golpeándolos.

    Respuesta: _____

13. El concilio de Jerusalén fue el escenario para su discurso final registrado, enfocándose en la salvación por gracia. Pablo luego lo criticó por su inconsistencia favoreciendo a los judíos por sobre los gentiles.

    Respuesta: _____

14. Su esposo, el rey de Persia, le ofreció el papel principal pero ella lo rechazó.

    Respuesta: _____

15. Como alguien que satisfacía a las masas, su tarea fue entregar a Jesús a la turba para su ejecución. Luego, permitió a José de Arimatea que llevara el cuerpo.

    Respuesta: _____

16. Su final, luego de una larga y colorida vida, tuvo lugar en el Monte Nebo. Allí murió, y Dios lo enterró.

    Respuesta: _____

Busca tus respuestas en la página 375, y si te portas bien, como crédito extra te regalaré una lista humorística más.

Por si no lo sabías, estas son las:

DIEZ RAZONES PARA LA
CREACIÓN DEL HOMBRE

10. Los animales eran demasiado civilizados.
9. Gabriel aseguraba que serían célibes.
8. Las cosas no parecían estar bien sin el denominacionalismo.
7. La serpiente no tenía a quién tentar.
6. Hacían falta más frutas en el huerto.
5. Los caníbales tenían hambre.
4. Las vacas no podían hacer justicia a la música gospel del sur.
3. Parecía una buena idea.
2. Para que hubiese una teoría alternativa al creacionismo.
1. Seres que no tuviesen halos o alas.

Ahora, nuestro genial elenco de personajes está preparándose para su final extraordinario, quisiera dejarte algunos secretos para tus próximas rutinas de ejercicios.

No solamente te sentirás mejor, sino que estarás más feliz si:
No **saltas** a conclusiones.
Marchas para ayudar a otros.
No **estiras** la verdad.
Eres **flexible** para evitar la confrontación.
No haces **correr** a tu boca antes de pensar.
Caminas una milla en los zapatos de otra persona.
No **ejercitas** tu memoria para recordar los errores ajenos.
Te **levantas** y reconoces todas las cosas positivas que la vida te ofrece.

Parece que la orquesta ya está lista, y ahora, es un honor presentarles a un elenco de docenas (disculpen, nuestro presupuesto no permite millares) de aquellos que conocimos en **Mi libro de ejercicios de conocimiento bíblico**. Siéntense, relájense y disfruten...

EL GRAN LIBRO

Aplausos, sube la cortina, entran Adán y Eva

Canción de Adán y Eva: En el libro estamos
El Edén un paraíso era
Todo gratuito y grandioso era
Teníamos la gran providencia
¿Cómo es que hubo desobediencia?

Esta es nuestra historia
Por aquí pasamos
Tú sabes cómo actuamos
Pues en el libro estamos

(Aplausos. Entra **Noé** desde la izquierda.)
«Gracias, Adán y Eva. Maestro, un poco de música viajera, por favor.

Canción de Adán y Eva

Muchos animales yo conocí
Mucho tiempo el arca construí
Muchos se burlaron de mí
Pero en el arca viví

Muchos días el sol allí no vi
Muchos al final querían venir
Muchos animales allí asistí
En el arca allí

Diluvio fue (una gran lluvia, si)
Diluvio fue
Pero más tarde el sol renació
Y el color del arco iris brilló

«Muchas gracias a todos. Los dejo ahora con el patriarca Abraham»

Canción de Abraham

Cuando tenía setenta y cinco
Fui llamado a emigrar
Con mi esposa y mi sobrino
Partimos de Harán
Y fuimos a Canaán

Luego él se fue a Sodoma
Y en gran problema entró
Primero secuestrado,
Después casi quemado
Por último engañado

Mi amado hijo nació
Y él así aprendió
Que la voluntad del Creador
Siempre es lo mejor

«Gracias a todos. ¡Gracias!»
Entra Moisés con su vara.

Canción de Moisés

En el tiempo en que nací
Los bebés no podían vivir
Me escondieron por ahí
Y la princesa me vio a mí

Fue así que en Egipto yo viví
Y allí crecí, y allí crecí

Quise al pueblo libertar
Y yo comencé a pelear
Elegí a alguien matar
Y me tuve que escapar

Fue así que de Egipto yo huí
De allí huí, de allí huí.

Cuarenta años en Madián
Y a Israel a libertar
En desierto caminar
Para al pueblo al fin guiar.

Es así que ellos son libres al fin
Son libres al fin, son libres al fin.

«Amigos, miren quien viene aquí. Son Jeremías, Ezequiel, Isaías y Jonás. Escuchemos a Los Cuatro Profetas»

Canción de Jeremías:
He vagado por ahí
Quebrantado y lastimado
Mi pueblo ha pecado
Y Babilonia nos ha apresado

Ezequiel
Grandes cosas pude ver
Vi a seres resplandecer
En el valle de los huesos
Pude el futuro saber

Isaías
No es fácil ser profeta
Todo hay que repetir
El pueblo es duro
Nunca nos desea oír

Jonás
Si quieren que les cuente
En donde estuve yo
Adentro de un gran pez
Aún siento su olor

Todos
Los cuatro profetas somos
Distintos, nada igual
Pero amamos, disfrutamos
Hacer Su voluntad

Canción de los discípulos
Pedro, Andrés, Santiago y Juan

En el medio de la mar
En un barco con las redes
«Síganme», fue lo que nos dijo
Miren con nosotros lo que El hizo

Siempre juntos
Siguiendo al Salvador
Aunque cometíamos errores
Nos mostró nuestro valor

Qué hermoso se sentía
Ver un enfermo sanar
La multitud saciada
Del mundo ser la sal

Siempre juntos
Siguiendo al Salvador
Aunque cometíamos errores
Nos mostró nuestro valor

Pedro
«Bueno, ahora todos juntos, Adán, Eva, Moisés, Abraham, los Cuatro Profetas, los discípulos, es tiempo del gran final.»

Repetición
Canción

Fuimos buenos, fuimos malos
Felices, tristes, también
Fuimos mal interpretados
Pero aquí contigo estamos

Esta es nuestra historia
Por aquí pasamos
Tú sabes cómo actuamos
Pues en el libro estamos

Esperamos que lo hayas disfrutado
No te olvides de nosotros
Aprende de nuestro pasado
El final aquí ha llegado

Esta es nuestra historia
Por aquí pasamos
Tú sabes cómo actuamos
Pues en el libro estamos

Todos saludan.
(Ovación, aplausos, y más aplausos)
Se cierra el telón.

Un agradecimiento final por haber participado en **Mi libro de ejercicios de conocimiento bíblico.** Veo que estás más entrenado que cuando compraste este libro. ¡Felicitaciones! **¡Siempre serás mi héroe!**

Moisés se ha ido del edificio. Conduzcan con cuidado.
Buenas noches

¡Ey, no espíen!
Páginas 328-331

1. D. (Ez 16.1-2, 36)
2. E. (Os 2:3)
3. B. (Mt 27:35)
4. A. (Gn 9:20-22)
5. D. (Am 2:16)
6. C. (Lc 8:27)
7. B. (Is 47:1-3)
8. B. (Gn 3:6-10)
9. B, E. (Ap 16:15)
10. D. (Ro 8:35)
11. A. (Hab 2:15)
12. C. (Éx 20:26)
13. D. (2 S 6:20-23)
14. A. (Is 20:1-4)

¡Así se hace, Moi! (Tercera parte)
Páginas 332-334

1. Verdadero (Nm 10:29-33)
2. Verdadero (Nm 11:13-15)
3. Falso (Nm 11:31-34)
4. Falso (Nm 12:1)
5. Falso (Nm 12:10-15)
6. Falso (Nm 13:30; ver también 14:6-9)
7. Verdadero (Nm 14:1-4, 10-20)
8. Verdadero (Nm 14:37-38)
9. Falso (Nm 16:41)
10. Verdadero (Nm 17:1-8)
11. Verdadero (Nm 18:1-7)
12. Verdadero (Nm 20:1-11)

13. Verdadero (Nm 20:14-21)
14. Falso (Nm 20:23-29)
15. Falso (Nm 22:1-6)
16. Falso (Dt 7:1-5)
17. Verdadero (Dt 17:14-20)
18. Verdadero (Dt 20:10-15)
19. Verdadero (Dt 31:19-22, 30; 32:1-44)
20. Falso (Dt 34:5-6)
21. Verdadero (Dt 34:12)

¡Orden en la sala!
Páginas 335-338

Grupo Uno
1. Saúl
2. Is-Boset
3. David
4. Adonías (Tiempo corto)
5. Salomón (Quien mandó matar a Adonías)
6. Roboam

Grupo Dos
1. Roboam
2. Abiam
3. Asa
4. Josafat
5. Joram
6. Ocozías
7. Atalía (reina)
8. Joás
9. Amasías
10. Azarías
11. Jotán

12. Acaz
13. Ezequías
14. Manasés
15. Amón
16. Josías
17. Joacaz
18. Joacim
19. Joaquín
20. Sedequías

Grupo Tres
1. Jeroboam I
2. Nadab
3. Basá
4. Ela
5. Zimri
6. Tibni
7. Omrí
8. Acab
9. Ocozías
10. Joram
11. Jehú
12. Joacaz
13. Joás
14. Jeroboam II
15. Zacarías
16. Salún
17. Menajem
18. Pecajías
19. Pecaj
20. Oseas

Él dice, ella dice
Páginas 339-344

1. B. (Est 5:3-4)
2. D. (Mt 15:21-27)
3. C. (Gn 16:7-8)
4. B. (Hch 5:8)
5. C. (Job 2:9-10)
6. A. (1 S 25:40-41)
7. C. (Mr 6:22-25)
8. D. (Rut 3:7-10)
9. A. (Lc 10:40-41)
10. B. (1 S 28:12-13)
11. B. (Gn 3:13)
12. A. (Jue 4:6-8)
13. D. (Jn 4:17-19)
14. C. (Cnt 2:1-2)
15. D. (2 S 6.20-21)

Trato hecho
Páginas 346-347

1. Abraham (Abram), Lot (Gn 13:8-9)
2. Pablo, Bernabé (Hch 15:36-41)
3. Artajerjes, Nehemías (Neh 2:1-6)
4. David, Betsabé (1 R 1:5-40)
5. Legión, Jesús (Mr 5:1-13)
6. Jacob, Labán (Gn 30:31-34)
7. Naciones (o pueblos), la bestia (Ap 17:15-17)
8. Jonatán, David (1 S 18:3-4)
9. Judas, jefes de los sacerdotes (Mt 26:14-16)
10. Insolentes (o gobernantes de Jerusalén), muerte (o sepulcro) (Is 28:14-15)

11. Gamaliel, Consejo (Hch 5:33-40)
12. Gabaonitas, Josué (Jos 9:1-21)
13. Ananías, Safira (Hch 5:1-2)
14. Judíos, Pablo (Hch 23:12-13)
15. Abraham, Melquisedec (Heb 7:1-4)

El sonámbulo
Páginas 348-352

1. D. (1 R 18:27)
2. C. (Lc 22:39)
3. B. (Dn 6:16-20)
4. B. (1 S 3:2-10)
5. D. (Lc 8:49-56)
6. A. (Gn 31:40-41)
7. D. (2 S 11:9)
8. D. (Hch 16:26-27)
9. C. (Jon 1:5-6)
10. A. (Hch 12:6-10)
11. B. (1 S 26:6-12)
12. A. (Jue 4:17-22)
13. C. (Lc 8:22-24)
14. D. (Jue 16:4-21)
15. D. (Pr 4:16)

Otro juego sobre viudas
Páginas 353-354

1. Verdadero (Rut 1:1-5, 4:13-22)
2. Verdadero (Mr 12:41-43)
3. Falso (2 R 9:30-37)
4. Verdadero (Lc 2:36-38)
5. Falso (No existe tal relato)

6. Falso (1 R 17:7-16)
7. Verdadero (Gn 38:1-30)
8. Verdadero (2 S 20:3)
9. Verdadero (Hch 6:1-6)
10. Falso (1 Co 7:8-9)
11. Verdadero (1 S 4:17-22)
12. Falso (Hch 9:36-43)
13. Falso (Mal 3:5)
14. Falso (2 S 14:1-21)
15. Verdadero (Stg 1:27)

Se cierra el telón
Páginas 356-358

1. Josué (Jos 7:1; 8:35)
2. Job (Job 42:7-9)
3. María Magdalena (Jn 20:10-18)
4. Jeremías (Jer 38:14-28)
5. Agar (Gn 21:14-20)
6. Elías (2 R 2:11)
7. Bernabé (Hch 14.11-18)
8. Gómer (Os 3:2-3)
9. Abraham (Gn 17:23-27)
10. Jilquías (2 R 22:8-10)
11. Pablo (Hch 28:28-31)
12. Nehemías (Neh 13:23-27)
13. Pedro (Hch 15:7-11; Gá 2:11-21)
14. Vasti (Est 1:1-12)
15. Pilato (Lc 23:1-25, 50-52)
16. Moisés (Dt 34:1-7)

DISFRUTE DE OTRAS PUBLICACIONES DE EDITORIAL VIDA

Desde 1946, Editorial Vida es fiel amiga del pueblo hispano a través de la mejor literatura evangélica. Editorial Vida publica libros prácticos y de sólidas doctrinas que enriquecen el caudal de conocimiento de sus lectores.

Nuestras Biblias de Estudio poseen características que ayudan al lector a crecer en el conocimiento de las Sagradas Escrituras y a comprenderlas mejor. Vida Nueva es el más completo y actualizado plan de estudio de Escuela Dominical y el mejor recurso educativo en español. Además, nuestra serie de grabaciones de alabanzas y adoración, Vida Music renueva su espíritu y llena su alma de gratitud a Dios.

En las siguientes páginas se describen otras excelentes publicaciones producidas especialmente para usted. Adquiera productos de Editorial Vida en su librería cristiana más cercana.

Vida

DEDICADOS A LA EXCELENCIA

Una vida
con propósito

Rick Warren, reconocido autor de *Una Iglesia con Propósito*, plantea ahora un nuevo reto al creyente que quiere alcanzar una vida victoriosa. La obra enfoca la edificación del individuo como parte integral del proceso formador del cuerpo de Cristo. Cada ser humano tiene algo que le inspira, motiva o impulsa a actuar a través de su existencia. Y eso es lo que usted podrá descubrir cuando lea las páginas de *Una vida con propósito*.

0-8297-3786-3

Biblia de Estudio NVI

La primera Biblia de estudio creada por un grupo de biblistas y traductores latinoamericanos. Con el uso del texto de la Nueva Versión Internacional, esta Biblia será fácil de leer además de ser una tremenda herramienta para el estudio personal o en grupo. Compre esta Biblia y reciba gratis una copia de ¡Fidelidad! ¡Integridad!, una guía que le ayudará a aprovechar mejor su tiempo de estudio.

ISBN: 0-8297-2401-X

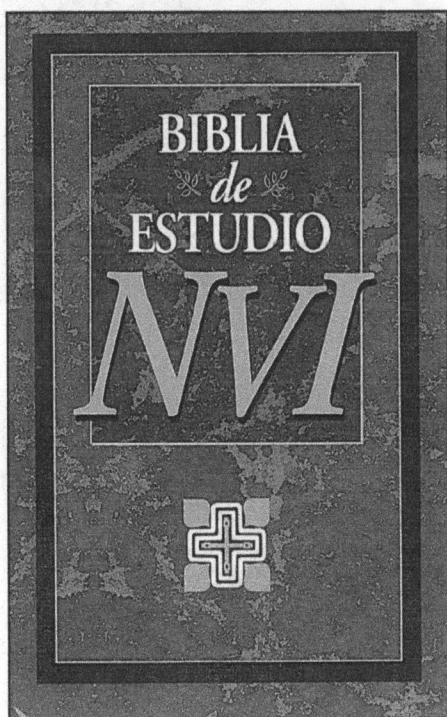

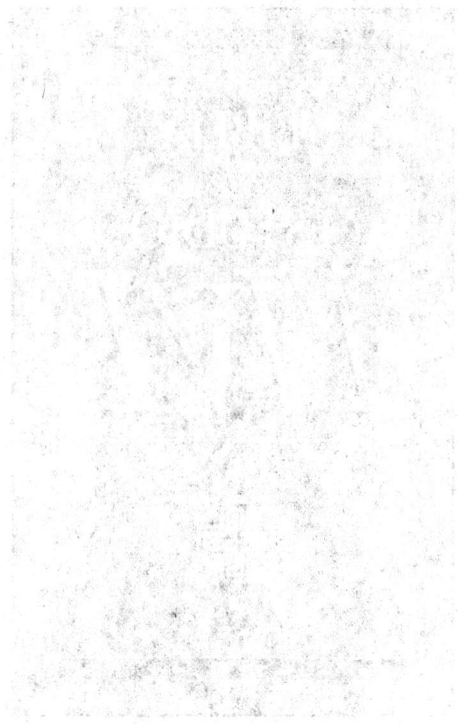

BIBLIA NVI
PARA MP3

0-8297-4979-9

Ahora disponible en el formato mp3, esta Biblia en audio es lo más excelente que puedes tener. La Biblia NVI en audio es más que una Biblia que escuchas, es la experiencia que te ayuda a adentrarte en la Palabra de Dios y que esta penetre en ti.

Nos agradaría recibir noticias suyas.
Por favor, envíe sus comentarios sobre este libro
a la dirección que aparece a continuación.
Muchas gracias.

Editorial Vida®
.com

vida@zondervan.com
www.editorialvida.com